명화 속 AI

AI문고

인공지능 시대입니다. 기계가 인간의 인지를 대신하고, 사물이 인간을 통하지 않고 다른 사물과 직접 커뮤니케이션합니다. 이에 따른 인간 삶과 문명 변화를 정확히 이해·예측·대응하는 것은 이 시대 우리 모두의 과제입니다. AI문고는 인공지능 기술과 환경의 여러 주제를 10가지 키워드로 정리합니다. 관련 개념과 이론, 학계와 산업계의 쟁점, 우리 일상의 변화를 다룹니다. 인간과 기술의 현재, 미래를 세심히 분석합니다.

일러두기

- 인명, 작품명, 저서명, 개념어 등은 한글과 함께 괄호 안에 해당 국가의 원어를 병기했습니다.
- 외래어 표기는 현행 어문규정의 외래어표기법을 따랐습니다.

처음이세요?

전문가세요?

명화 속 AI

우지환

대한민국, 서울, 커뮤니케이션북스, 2025

명화 속 AI

지은이 우지환
펴낸이 박영률

초판 1쇄 펴낸날 2025년 4월 25일

커뮤니케이션북스(주)
출판 등록 2007년 8월 17일 제313-2007-000166호
02880 서울시 성북구 성북로 5-11
전화(02) 7474 001, 팩스(02) 736 5047
commbooks@commbooks.com
www.commbooks.com

ISBN 979-11-430-0021-7 03500

책값은 뒤표지에 표시되어 있습니다.

차례

명화와 AI의 만남: 예술과 기술의 융합

오늘날 예술과 기술은 겉보기에는 상반된 영역인 듯 보이나, 실제로는 긴 역사 속에서 끊임없이 상호작용하며 발전해 왔다. 과거 예술이 순수한 미적 추구에 머무르고, 과학 기술이 오직 실용적 목적에만 봉사한다고 여겨졌던 시기도 있었지만, 실제로는 예술가와 과학자가 서로의 아이디어에 자극을 받아 새로운 형식을 만들어 내거나, 관점의 지평을 넓히는 사례는 계속 있었다.

최근 주목받는 인공지능(AI) 기술, 특히 컴퓨터 비전 분야는 예술가들에게 강력한 표현 수단을 제공하며, 동시에 전통 미술과 명화를 재해석하는 계기가 되고 있다. 이 글에서는 AI가 어떻게 명화를 분석하고 복원하며, 나아가 새로운 예술 작품을 창작하는지 살펴보고자 한다. 또한, 예술사 전반을 아우르는 과정에서 과학 기술이 예술과 얽힌 긴 여정도 되짚어 본다.

예술의 기원과 진화

그림을 그린다는 것은, 빛이 사람의 시각 기관을 통과해서 얻은 정보를 2차원 평면 위에 재현하거나, 사람의 상상력을 통해 새로운 이미지를 표현해 내는 행위라고 할 수 있다. 인류가 언제부터 그림을 그리기 시작했는지 정확히 밝혀지지 않았지만, 현존하는 가장 오래된 벽화로 추정되는 인도네시아 술라웨시 섬 레앙 테돈 동굴의 벽화는 약 4만5500년 전의 것으로 알려져 있다. 이 벽화에는 붉은 안료로 표현된 야생 돼지가 묘사되어 있으며, 이는 당시 인간이 주변 자연을 관찰하고 그것을 시각적으로 옮겨낼 수 있는 능력을 이미 보유하고 있었음을 시사한다.

유럽에서도 스페인 알타미라 동굴(약 3만6000년 전)과 프랑스 쇼베 동굴(약 3만2000년 전) 등지에서 다채로운 동굴 벽화가 발견된다. 이 벽화에는 들소, 말, 사자 같은 동물들이 사실적이고도 역동적인 모습으로 그려져 있어, 원시적 도구나 열악한 작업 환경에도 불구하고 당시 인류가 예술적 표현을 통해 삶과 환경을 기록하는 예술 본능을 가지고 있었다는 점을 보여 준다.

그렇다면 이처럼 기원전 수만 년 전부터 시작된 예술 활동이 어떻게 진화했는지 살펴볼 필요가 있다. 초기에는 사냥을 기원하거나 종교적 의례를 행하기 위한 목적으로 벽화나 조각품이 제작되었을 것으로 추정한다. 시간이 흐르면서 인류의 지식과 기술, 사회 조직이 발전함에 따라 예술 활동 역시 점차 정교해지고, 다양한 양식과 기법이 탄생한다.

고대 문명이 발흥한 지역에서는 궁전이나 사원에 벽화를 그리거나, 조각품으로 신전 앞을 장식하는 등 예술이 권력과 종교를 홍보하고 상징하는 중요한 수단이 되었다. 메소포타미아의 부조나 이집트의 벽화, 그리스 신전 조각 등은 이 시기 예술이 얼마나 정치적 · 종교적 목적과 결합해 있었는지를 잘 보여 준다.

특히 고대 그리스에서 예술은 '미(美)' 자체를 탐구하는 철학의 한 갈래로 발전한다. 이상적 비례와 균형을 추구하는 그리스 조각은 인체 해부학적 지식의 축적과 결합해 매우 사실적이고 완벽에 가까운 형태미를 구현해 냈다. 이후 로마 시대를 거치면서, 건축과 공공시설에 예술적 장식이 더해져 대중과 예술의 거리가 한층 좁아진다.

그러나 중세 유럽에서는 그리스도교 중심의 사상이 예술을 지배한다. 성서의 장면이나 성인을 그린 벽화와 제단화, 스테인드글라스는 화려한 색채와 상징성을 지니지만, 인간 중심의 미학은 상대적으로 뒷전으로 밀려났다. 중세 후기, 고딕 양식의 대성당 건축과 함께 예술은 장엄한 종교적 분위기를 형성하는 데 기여하지만, 여전히 예술 표현의 큰 테두리는 종교 제도와 권력층의 지원 아래에서 이루어진다.

중세를 지나 르네상스 시기에 이르러, 인간 본연의 존엄성과 학문, 예술에 대한 관심이 폭발적으로 상승한다. 레오나르도 다빈치, 미켈란젤로, 라파엘로 등은 회화와 조각, 건축 외에도 기하학, 광학, 해부학, 공학 등 다양한 분야를 횡단하며 당시로서는 혁신적인 작품을 남긴다. 레오나르도 다빈치는 그림 속에 소실점과 원근법을 정교하게 계산해 공간감을 부여했고, 인체 비례에 대한 해부학적 연구를 바탕으로 사실적이면서도 이상화된 이미지를 구현한다.

르네상스 예술가들은 지식과 기술을 폭넓게 활용해 예술의 표현 범위를 확장했다. 과학적 탐구와 예술적 상상력이 결합되면서, 인류는 이전까지 볼 수 없었던 미적 성취를 경험한다. 더 나아가 르네상스 시기의 과학적·예술적 혁신은 훗날 산업 혁명과 근대 과학의 발달에도 중요한 밑거름이 된다.

19세기 중반 사진기가 발명되면서, 회화는 사실적 재현이라는 기능에서 벗어날 새로운 계기를 맞이한다. 사실성을 극도로 추구했던 아카데믹 미술이 '사진 기술'에

의해 위축될 것이라는 우려가 존재했으나, 결과적으로는 인상주의와 후기인상주의, 표현주의 등 다양한 화풍이 속속 등장하면서 예술의 영역이 한층 풍부해진다.

인상주의 화가들은 빛과 색의 변화를 포착하기 위해 야외로 나가 즉흥적이고 자유로운 화풍을 구사했고, 후기인상주의 시기에는 예술가들이 더욱 개인적이고 실험적인 화풍을 추구하게 된다. 이 시기에 등장한 조르주 쇠라의 점묘법이나 빈센트 반 고흐의 격렬한 붓 터치는 색과 형태를 과감하게 해체하고 재구성하는 과정을 보여준다.

20세기 초에는 피카소와 브라크의 입체파가 다시 한번 회화의 차원을 뒤흔들며, 대상의 여러 면을 동시에 표현하는 혁신적 구도를 선보인다. 몬드리안의 기하학적 추상화, 살바도르 달리의 초현실주의, 잭슨 폴록의 액션 페인팅, 앤디 워홀의 팝아트 등은 예술의 주제가 어디까지 확장될 수 있는지를 보여 주는 대표적인 사례들이다. 이런 다채로운 예술 실험은 '예술이란 무엇인가'에 대한 근본적 물음을 다시 제기하며, 일상과 예술의 경계를 허무는 데 일조한다.

이처럼 인류 예술사는 계속해서 변화와 도전을 반복해 왔으며, 그 과정에서 '과학 기술'은 종종 결정적 역할을 해 왔다. 원근법, 인체 해부학, 사진, 영화, 디지털 그래픽 등은 예술 표현의 범위를 넓히고, 새로운 미적 관점을 열어 주는 매개체가 되었다.

AI와 컴퓨터 비전의 시대

오늘날 인공지능(AI)은 4차 산업 혁명의 핵심 기술로 꼽히며, 여러 분야에서 혁신을 주도하고 있다. 특히 컴퓨터 비전(Computer Vision)은 AI가 카메라라는 '눈'을 통해 이미지를 입력 받고, 이를 분석해 다양한 정보를 얻는 기술 분야다. 자율 주행 자동차가 도로 상황을 인식해 안전하게 주행하거나, 의료 영상 데이터를 바탕으로 질병을 진단하거나, 공장 생산 라인에서 불량품을 자동 검출하는 등 이미 컴퓨터 비전은 실생활 곳곳에서 활용되고 있다.

흥미로운 점은, "과학기술의 최신 분야를 '예술의 경지(State of the Art)'라고 부른다"라는 표현에 암시되어 있듯이, 첨단 기술이 최고조에 달한 상태를 '예술'에 빗대어 표현한다는 사실이다. 이는 기술이 지닌 정교함과 아름다움, 그리고 인간의 창의적 사고가 결합했을 때 탄생하는 경지에 대한 은유적 표현이라고 해석할 수 있다. 예술가들이 그랬듯, 과학자와 기술자들도 끝없는 탐구와 혁신을 통해 '가장 높은 수준의 성취'를 꿈꾸며, 그 결과물을 예술적 가치에 견주곤 한다.

컴퓨터 비전은 기계가 이미지를 이해한다는 궁극적 목표를 가지고 있다. 초기 연구에서는 흑백 이미지의 픽셀 정보를 직접 분석하여 에지(경계선), 코너, 텍스처를 찾아내는 기법이 주로 사용되었다. 그러나 이러한 방식을 통해 얻을 수 있는 인식 정확도에는 한계가 있었고, 방대한 양의 이미지 데이터가 늘어나면서 연구자들은 통계학과 기계 학습 기법을 적용하기 시작한다.

기계 학습의 일환으로서 인공 신경망(Artificial Neural Network)을 이용한 이미지 분류, 객체 검출이 시도되었고, 이후 딥러닝(Deep Learning)이 부상하면서 컴퓨터 비전은 비약적인 발전을 거듭한다. 합성곱 신경망(CNN)은 이미지 속에서 특징을 추출해 내는 과정을 여러 층으로 세분화하여, 사람의 눈으로는 구별하기 어려운 미세한 패턴까지 포착한다. 이를 통해 사물을 분류하거나 세분화하는 정확도가 크게 향상되었으며, 얼굴 인식, 자율 주행, 로보틱스 등 다양한 실용 분야로 확장이 가속화된다.

더 나아가, AI가 단순히 이미지를 '해석'하는 데 그치지 않고, 생성형 모델(Generative Model)을 통해 새로운 이미지를 만들어 내는 단계에 이른다. 대표적으로 GAN(Generative Adversarial Networks)은 두 개의 신경망이 경쟁적인 게임을 벌임으로써, 가짜 이미지를 점점 더 정교하게 생성해 낸다. 결국 AI는 이제 '창작'에 가까운 기능을 수행하게 되었고, 이것이 예술 영역에도 커다란 파장을 불러일으키고 있다.

과학 기술의 시점에서 보면, 예술은 '실용성'보다는 '미적 · 정서적 가치'를 추구하는 영역으로 분류되기 쉽다. 그러나 예술가들은 일찍부터 사진, 비디오, 디지털 그래픽 등 새로운 매체를 적극적으로 받아들이며 표현 형식을 확장해 왔다. AI와 예술의 결합 역시 이러한 흐름의 연장선상에 놓여 있다.

예컨대, 화가의 특정 화풍을 AI가 학습해 그 스타일을 다른 이미지에 적용하는 '스타일 전이(Style Transfer)' 기법이 대표적이다. 사용자는 자신의 사진을 반 고흐나 모네, 클림트 풍으로 즉시 변환해볼 수 있으며, 인터넷상에서는 이미 이러한 서비스를 통해 생성된 이미지가 대거 공유되고 있다. 이는 예술적 영감과 데이터 기반 기법이 만나 탄생한 새로운 형태의 '대중적 예술 체험'이라 할 수 있다.

또한 GAN을 이용해 전혀 존재하지 않는 인물의 얼굴

을 생성하거나, 초현실적 · 추상적 이미지를 만들어 내는 사례도 이어지고 있다. 이러한 AI 생성 작품이 미술 시장에서 고가에 판매된 사례가 보고되면서, "AI가 만든 결과물도 예술로 인정할 수 있는가?"라는 본질적 질문이 재점화되었다. 일부 평론가들은 예술가의 의도나 감정이 담기지 않은 산출물을 '진정한 예술'이라고 보기 어렵다고 말하지만, 다른 쪽에서는 예술이 원래부터 기술적 혁신과 함께 발전해온 만큼, AI 예술 또한 예술사의 자연스러운 흐름이라고 옹호한다.

이처럼 AI와 예술의 융합은 '인간의 고유 영역'으로 여겨졌던 창작에 대한 인식 변화를 일으키고 있으며, 동시에 예술 감상과 경험의 방식을 한층 풍성하게 만든다.

명화와 AI가 열어가는 미래

예술과 기술이 결합할 때 가장 흥미로운 지점 중 하나는, 과거의 유산을 현대 기술로 재해석할 수 있다는 사실이다. 르네상스 시기에 발달한 원근법은 회화사적으로 혁명적인 발견이었는데, 이는 오늘날 컴퓨터 비전이 2차원 이미지로부터 3차원 공간 구조를 복원하는 알고리즘과 개념적 유사성을 갖는다. 실제로 AI 연구자들이 인공 신경망을 설계할 때 '인간의 시각적 특징 추출 방식'을 참고하는 것처럼, 미술사에서 축적된 지식과 기법이 AI 알고리즘 개발에 영감을 주는 경우가 있다.

또한 19세기 말 인상주의와 후기인상주의의 화가들이 빛과 색의 미세한 변화를 관찰하며, 색조와 붓질을 해체하는 작업에 몰두했던 방식은, 오늘날 디지털 이미지 처리를 위한 색 공간 분리(RGB, HSV 등)나 엣지 검출 알고리즘과도 암묵적으로 맞닿아 있다. 조르주 쇠라가 고안한 점묘법은 작은 점들의 집합이 시각 혼합을 일으키는 효과를 노렸는데, 이는 곧 픽셀 개념과 유사하며, AI가 픽셀 단위로 이미지를 이해하고 생성하는 과정과 겹쳐 보인다.

피에트 몬드리안의 기하학적 추상화나, 파블로 피카소의 입체파 스타일이 보여주는 '형태 분해'와 '재구성' 역시 컴퓨터 비전의 특징 추출(Feature Extraction) 및 이미지 변환(Image Transformation) 기법에 비유할 수 있다. AI가 특정 작품의 선과 면, 색상 비율을 학습해 이를 다른 이미지에 적용한다면, 인간이 감탄할 만한 참신한 시각적 결과물이 나타나기도 한다.

명화와 AI가 만나는 또 다른 영역은 '예술 복원'이다. 오랜 시간에 걸쳐 손상되거나 변색된 작품을 원래 상태에 가깝게 돌려놓는 일은 미술사와 문화유산 보존에 있어 매우 중요하다. 전통적 복원 기법은 보존 전문가의 풍부한 경험과 감각에 크게 의존하지만, 이 과정에서 주관이 개입할 위험성을 배제하기 어렵다.

AI가 등장하면서 복원 과정은 보다 객관적이고 정밀한 방식으로 전환될 수 있다. 높은 해상도의 이미지 스캔과 분광 분석, 적외선·X선 투과 촬영 등을 통해 작품 내부 정보를 수집하고, AI는 이러한 다층적 데이터를 바탕으로 빛바랜 색감을 추정하거나 훼손된 부분을 시뮬레이션해 복원 방향을 제시한다. 작품 제작 당시 사용된 안료 성분, 동일한 화가나 동시대 다른 화가들이 흔히 사용한 색상·붓 터치·매너리즘 등을 학습해, 원작자가 의도했을 것으로 추정되는 상태를 최대한 가깝게 재현하는 것이다.

이러한 복원 기법은 보존 과학을 한층 발전시키며, 나아가 아직 복원되지 않은 명화들에 대한 새로운 접근 방식을 제시한다. 이는 한편으로 예술 작품이 단순히 '관람'의 대상이 아니라, 역사와 문화, 그리고 과학 기술이 융합되는 학제 간 연구 결과물임을 다시금 깨닫게 한다.

AI가 직접 예술 작품을 창작할 수 있게 되면서, "예술이란 무엇인가?"라는 질문은 한층 복잡한 양상을 띠게 된다. 기계가 만들어 낸 작품에도 예술적 가치가 있다고 인정할 것인지, 만약 인정한다면 그 '창작자'를 누구로 봐야 하는지, 저작권은 어떻게 될 것인지 등이 대표적인 쟁점이다.

대중적으로 주목받는 사례로는, GAN(Generative Adversarial Network)을 활용해 전혀 실재하지 않는 초상화를 그린 뒤, 경매에 내놓아 고가에 팔린 경우가 있다. 이때 작품 설명에 "AI가 창작했다"고 명시되어 있었고, 많은 이들이 "사람의 손길이 들어가지 않은 이미지도 예술작품이 될 수 있는가?"를 놓고 열띤 토론을 벌였다. 어떤 이들은 예술이 오로지 인간의 감정과 의도를 통해서만 성립한다고 주장하고, 또 다른 이들은 예술사적으로 늘 그래왔듯, '기술 혁신'이 예술의 본질을 재정의해 왔다고 반박한다.

이러한 논쟁 속에서도 분명한 점은, AI 예술이 실제 미술 시장이나 전시에 점차 큰 영향력을 발휘하고 있다는 사실이다. 예술가들은 AI를 '협업 파트너'로 받아들여, 알고리즘이 생성한 무작위적 이미지를 토대로 새로운 아이디어를 얻거나, AI가 만든 기초 이미지를 기반으로 자신만의 회화 기법을 더해 최종 작품을 완성하기도 한다. 이는 예술이 기술을 활용하는 고전적 패턴이었으며, 과학 기술의 발달은 늘 예술가들에게 새로운 표현 매체와 영역을 열어 주었다.

AI 기술이 고도화될수록, 예술에서 인간이 차지하는 자리는 어떻게 달라질 것인가라는 의문도 제기된다. 기계가 인간을 완전히 대체하는 상황을 우려하는 시각도 있지만, 역으로 인간의 창조적 역할이 더욱 중요해질 것이라는 관점도 있다.

예술 작품의 목적이 '교감'과 '소통'에 있다고 할 때, AI가 만든 결과물이 과연 인간의 정서를 감동시킬 수 있는지에 대한 평가는 궁극적으로 수용자에게 달려 있다. 어떤 사람은 AI가 생성한 그림에서 인간 예술가의 손길 못지않은 미적 가치를 느낄 수 있고, 또 누군가는 그 안에 '영혼'이 부족하다고 판단할 수도 있다. 그러나 예술사적인 맥락에서 보면, 사진의 발명이나 디지털 아트가 처음 등장했을 때도 비슷한 논쟁이 있었고, 결국은 모두 예술의 한 갈래로 인정받으며 '새로운 표현 방식'으로 자리 잡았다.

다시 말해, 예술은 새로운 기술이 등장할 때마다 변화를 맞았고, 그 과정에서 인간성의 지평이 더욱 넓어졌다. AI가 창의적 산출물을 내놓는다고 해도, 그것을 '예술'로 승인하는 것, 또는 거부하는 것 역시 인간의 판단에 달려 있다고 할 수 있다.

이 책이 주목하는 것은 바로 '명화 속에 숨어 있는 AI의 가능성'이다. 전통적으로 인정받은 회화 기법과 시대적 배경, 예술가들의 실험 정신은 AI 연구자에게 풍부한 영감을 제공한다. 또한, AI 기술은 명화를 재해석하고 복원하며, 때로는 그것을 바탕으로 새로운 작품을 창작하는 통로가 된다.

앞으로의 예술은 인간 예술가와 AI가 공존하며 협업하는 형태로 진화할 가능성이 크다. 대중의 예술 참여 방식도 달라져, 과거에는 소수의 예술가가 작품을 만들고 다수가 감상하는 구조였다면, 이제는 AI 툴을 이용해 누구나 간단히 예술 창작에 뛰어들 수 있게 될 것이다. 예를 들어, 일반인이 자신의 스마트폰으로 명화의 특정 화풍을 실시간으로 적용한 영상을 만들고, 전 세계 사람들과 공유하는 식의 문화가 활성화될 것으로 전망한다.

이러한 흐름은 예술의 문턱을 낮춰 대중화와 확산을 촉진하지만, 동시에 예술의 정체성과 가치를 재고하게 만든다. 예술의 본질이 표현의 '독창성'에 있다고 본다면, 데이터 기반으로 생성된 이미지에 독창성이 과연 얼마나 담겨 있는지 따져보아야 한다. 그러나 예술학적 관점에서 볼 때, '모방'과 '재해석'도 예술의 중요한 축을 담당해 왔다. 고전 회화를 모사하고, 그 모사본을 바탕으로 또 다른 변주를 시도하는 행위는 예술사의 커다란 부분을 차지해 왔다. 그렇다면 AI를 통한 모방이나 재해석도 예술 전통의 자연스러운 연장선에 놓여 있다고 볼 수 있다.

예술의 경지에서 만나는 예술과 기술

인류는 벽화로 시작해 르네상스의 원근법, 19세기 사진, 20세기의 영화 · 비디오 아트, 그리고 21세기의 디지털 아트까지 다양한 수단을 동원해 예술적 표현을 펼쳐 왔다. 각각의 매체가 등장할 때마다 "진정한 예술은 사라지는가"라는 우려가 제기되곤 했지만, 예술은 끊임없이 형태를 바꾸며 생명력을 이어갔다. AI 시대에도 마찬가지이다. "기계가 창작할 수 있는가", "인간 예술가는 어떤 역할을 맡아야 하는가"라는 질문은 계속될 것이지만, 그것은 예술과 기술이 함께 성장하는 과정에서 발생하는 필연적 고민이라고 볼 수 있다.

예술은 본래부터 인간을 둘러싼 세계를 해석하고, 그 해석을 바탕으로 무언가를 만들어 내는 활동이었다. AI가 이 해석과 창작의 일부를 대신하거나 돕는다고 해도, 최종적으로 작품을 어떻게 바라보고 해석할지는 관람자의 몫이다. AI가 만들어 낸 결과물에도 '인간적'인 해석과 의미 부여가 일어날 수 있으며, 이를 통해 예술은 한층 더 다층적인 스펙트럼을 갖게 된다.

중요한 것은, 예술이 계속해서 시대의 기술을 흡수하고 변주하면서도, 결국 '인간의 상상력과 감정'을 이야기한다는 점이다. AI가 얼마나 정교한 이미지를 생성하든, 그것을 작품으로서 가치를 인정하고 공감하는 행위는 인간이 담당한다. 이처럼 인간의 감수성과 AI 기술의 연계가 심화됨에 따라, 예술은 상상조차 못했던 새 지평을 열어갈 것으로 보인다.

"AI 분야에서 최고 성능인 기술을 '예술의 경지(State of the Art)'라고 부른다"라는 표현처럼, 최고 수준의 기술력은 예술적 경지에 비유될 만큼 세밀하고 아름다우며, 인간의 창의를 극대화하는 원동력이 될 수 있다. AI와 명화의 만남은 인간이 쌓아온 예술 유산과 첨단 알고리즘의 결합을 통해, 과거와 미래가 교차하는 순간을 구현한다. 여기서 탄생하는 작품들, 혹은 복원 과정에서 새롭게 드러나는 그림의 디테일들은 우리가 예술을 얼마나 다채롭게 즐길 수 있는지를 다시 깨닫게 만든다.

결국, 명화와 AI의 결합이 가져올 미래는 단순히 "기계가 예술을 대신한다"거나 "예술가를 자동화한다"는 식의 이분법적 논리를 넘어선다. 예술계는 본질적으로 '창조와 해석'을 중심에 두고 움직이며, AI는 인간이 오랫동안 축적해온 미적 자산을 재활용하고 변주해 새로운 양식을 탄생시키는 장을 연다. 복원, 감상, 창작의 전 과정에 걸쳐 AI가 개입하게 되면서, 예술의 경계는 더욱 확장될 것이다.

이제 우리는 명화에 담긴 전통적 가치와 AI가 선사하는 기술적 가능성을 동시에 품에 안고, 예술의 다음 단계를 맞이하고 있다. 수만 년 전 벽화로부터 시작된 예술의 여정이 AI 시대에 어떻게 이어지는지를 주목하는 일은, 결국 인간이 왜 예술을 추구하고, 왜 과학 기술을 발전시켰는지를 되돌아보게 만든다. 그 답은 간단치 않지만, 분명한 것은 예술과 기술이 만나 빚어내는 시너지가 앞으로도 인류 문화에 깊고 풍부한 울림을 전하리라는 사실이다.

이 책에서 다룰 여러 사례와 논의들은, 명화 속 전통 기법과 AI 및 컴퓨터 비전 기술이 교차하며 생겨나는 흥미로운 접점을 구체적으로 보여 줄 것이다. 독자들은 이를 통해 AI가 어떻게 명화를 '읽고', '해석'하고, '재창조'하는지를 체감하게 될 것이며, 동시에 예술이라는 개념의 경계가 얼마나 유연하고 무한한지 다시금 깨닫게 될 것이다.

그리하여, 예술을 사랑하는 이들은 AI가 열어주는 새로운 표현 가능성을 발견하고, 기술을 연구하는 이들은 과거 예술사에 담긴 집요한 탐구 정신에서 영감을 얻을 수 있으리라 믿는다. 이러한 만남을 통해 예술과 기술이 서로를 '예술의 경지(State of the Art)'로 이끌며, 궁극적으로 인간이 가진 창조적 잠재력을 최대치로 끌어올리게 될 것이다.

01
픽셀과 점: 디지털 이미지와 점묘법

디지털 이미지의 픽셀과 점묘법의 점은 시각 정보를 구성하는 기본 단위로서 매우 유사하다. AI는 픽셀을 통해 이미지를 저장하고 분석하며, 점묘법은 점을 찍어 그림을 완성한다. 이러한 유사성은 컴퓨터 비전 기술의 발전과 예술적 표현에 중요한 영향을 미쳤다.

AI와 1인 창업?

점묘법의 탄생과 특징

점묘법(Pointillism)은 19세기 후반 프랑스에서 등장한 화법으로, 작은 점들을 찍어 그림을 완성하는 독특한 기법이다. 이 화법은 조르주 쇠라(Georges Seurat)와 폴 시냐크(Paul Signac)에 의해 발전되었으며, 인상주의의 영향 아래 더욱 정교하게 다듬어졌다. 점묘법의 핵심은 색상을 혼합하는 대신, 인접한 점들이 눈에 의해 혼합되어 전체적인 색조와 형태를 형성한다는 점이다. 이는 화가가 직접 색을 섞지 않고, 점을 통해 시각적 혼합을 유도함으로써 빛과 색의 자연스러운 변화를 포착하려는 시도였다.

점묘법은 특히 빛의 반사와 색채의 미묘한 변화를 표현하는 데 탁월한 효과를 발휘한다. 조르주 쇠라의 대표작인 〈라 그랑드 자트 섬의 일요일 오후(A Sunday Afternoon on the Island of La Grande Jatte)〉는 수많은 작은 점들이 모여 한 폭의 풍경화를 이루는 예로, 관람객에게 색채의 깊이와 공간감을 생생하게 전달한다. 이러한 점묘법의 특징은 당시 화가들 사이에서 큰 화제를 모았으며, 미술계에 새로운 표현 방식을 제시하는 계기가 되었다.

픽셀과 점의 유사성

디지털 이미지 처리에서 픽셀은 이미지의 기본 단위로, 각 픽셀은 특정한 색상과 밝기를 가진다. 컴퓨터 비전 기술은 이 픽셀들을 분석하여 사물의 형태, 색상, 질감 등을 인식하고 이해하는 데 중점을 둔다. 점묘법과 픽셀 기반의 디지털 이미지 처리 사이에는 놀라운 유사성이 존재한다. 점묘법에서 화가가 작은 점들을 조합하여 전체 이미지를 구성하듯이, 디지털 이미지는 수많은 픽셀들이 모여 하나의 사진이나 그림을 형성한다.

점묘법은 인간의 눈이 점들을 멀리서 보면 하나의 연속된 이미지로 인식하게 만드는 원리를 이용한다. 이는 픽셀 기반의 디지털 이미지 처리에서 AI가 픽셀 정보를 통해 전체 이미지를 해석하는 방식과 매우 흡사하다. 컴퓨터 비전 알고리즘은 개별 픽셀의 색상과 밝기 정보를 분석하여 사물의 윤곽을 파악하고, 이를 통해 전체 장면을 이해한다. 점묘법의 점들이 모여 전체 그림을 형성하는 과정은, AI가 픽셀 데이터를 통합하여 전체 이미지를 재구성하는 과정과 본질적으로 동일한 메커니즘을 따른다.

점묘법은 색상의 분해와 재조합을 통해 빛과 그림자의 미묘한 변화를 포착하려는 시도를 보여 준다. 이는 컴퓨터 비전에서 색 공간 분석(Color Space Analysis)과 텍스처 분석(Texture Analysis)과 같은 기술의 기초를 형성하는 데 기여했다. AI는 이미지의 픽셀 데이터를 통해 색상과 질감을 분석하고, 이를 바탕으로 사물의 형태와 위치를 인식한다. 점묘법이 화가에게 제공했던 색채와 형태의 세밀한 표현 방법은, AI가 이미지를 이해하고 생성하는 과정에서 중요한 영감을 제공했다.

점묘법이 컴퓨터 비전 기술에 미친 영향

점묘법이 컴퓨터 비전 기술 발전에 미친 영향은 상당하다. 점묘법은 시각적 정보를 작은 단위로 분해하여 분석하고, 이를 통해 전체적인 이미지를 구성하는 방식을 보여 준다. 이러한 접근 방식은 컴퓨터 비전 연구자들에게 영감을 주었으며, AI가 이미지를 분석하고 이해하는 데 필요한 알고리즘 개발에 큰 영향을 미쳤다.

특히, 점묘법의 색상 분해와 재조합 방식은 색 공간 분석 및 텍스처 분석과 같은 컴퓨터 비전 기술의 기초를 형성하는 데 기여했다. AI는 이미지 내의 픽셀을 분석하여 색상과 질감을 파악하고, 이를 통해 사물의 형태와 위치를 인식한다. 이러한 과정은 점묘법이 추구한 색채와 형태의 세밀한 표현과 일맥상통한다. 또한, 점묘법이 빛의 반사와 색상의 변화를 세밀하게 표현하려는 노력은, AI가 이미지의 빛과 그림자, 색상 변화를 분석하여 현실감을 부여하는 과정과도 유사하다.

조르주 쇠라의 점묘법은 AI 연구자들에게 이미지의 기본 단위인 픽셀을 통해 전체 이미지를 이해하고 재구성하는 방법에 대한 통찰을 제공했다. AI는 점묘법처럼 픽셀 단위로 이미지를 분석하고, 이를 통해 전체적인 장면을 해석한다. 이는 AI가 이미지의 세부 정보를 파악하고, 이를 종합하여 전체적인 이해를 형성하는 과정과 동일한 원리다. 따라서 점묘법은 컴퓨터 비전 기술의 발전에 있어 중요한 영감의 원천이 되었으며, AI가 이미지 데이터를 효과적으로 처리하고 해석하는 데 필요한 기초를 제공했다.

또한 점묘법의 점들이 모여 하나의 그림을 이루는 방식은 AI의 이미지 생성 모델에도 적용될 수 있다. 생성형 AI는 수많은 픽셀 데이터를 학습하여 새로운 이미지를 생성하는데, 이는 점묘법이 작은 점들을 통해 새로운 예술 작품을 만들어 내는 것과 유사하다. AI는 학습한 데이터를 기반으로 새로운 픽셀 배열을 생성하여 기존의 명화와는 다른, 그러나 여전히 예술적 가치를 지닌 이미지를 만들어 낼 수 있다. 이러한 방식은 AI가 창작 과정에서 점묘법의 원리를 활용하는 예로, 예술과 기술의 융합을 더욱 가속화한다.

대표적인 점묘법 명화 소개

점묘법의 대표적인 작품으로는 조르주 쇠라의 〈라 그랑드 자트 섬의 일요일 오후(A Sunday Afternoon on the Island of La Grande Jatte)〉가 있다. 이 작품은 수많은 작은 점들이 모여 풍경과 인물을 형성하며, 시각적 깊이와 공간감을 탁월하게 표현한다. 점묘법의 정교함과 화려한 색채는 관람객에게 생동감 넘치는 장면을 전달하며, AI가 픽셀을 활용해 이미지를 재구성하는 과정과 닮아 있다.

폴 시냐크의 작품들도 점묘법의 중요한 예시로 손꼽힌다. 시냐크는 점묘법을 통해 빛의 변화와 색채의 미묘한 차이를 표현하며, AI가 이미지 내의 색상과 밝기를 분석하고 이를 통해 사물의 특성을 파악하는 방식과 유사한 접근을 보였다.

또한, 앙리 루소의 〈자전거를 타는 여인〉도 점묘법의 독특한 예술적 표현을 보여 주는 작품이다. 루소는 단순한 점들을 통해 풍경과 인물의 생동감을 표현하며, 이는 AI가 픽셀 단위로 이미지를 분석해 전체적인 장면을 이해하는 과정과 비슷한 면모를 보인다.

이외에도 피에트 몬드리안의 기하학적 추상화 작품이나, 빈센트 반 고흐의 강렬한 붓 터치가 돋보이는 작품들도 점묘법의 영향을 받은 예술가들로 평가받는다. 이러한 작품들은 점묘법이 단순한 화법을 넘어, 예술적 표현의 새로운 지평을 열어주었음을 보여 준다.

점묘법과 AI의 미래 가능성

점묘법과 컴퓨터 비전의 유사성은 단순히 역사적 영향에 그치지 않고, 미래에도 AI가 예술 창작과 분석에 있어 중요한 역할을 할 가능성을 시사한다. AI는 점묘법의 원리를 응용해 더욱 정교하고 창의적인 예술 작품을 만들어 낼 수 있으며, 이는 예술과 기술의 융합이 새로운 창작의 장을 열어갈 수 있음을 보여 준다.

AI가 점묘법을 기반으로 한 새로운 화풍을 창조하거나, 기존의 명화를 점묘법적으로 재해석하는 작업은 예술의 다양성과 창의성을 더욱 풍부하게 할 것이다. 또한, AI는 점묘법을 통해 예술 작품의 세부 정보를 분석하고 복원하는 데 있어서도 중요한 역할을 할 수 있다. 이는 예술과 기술의 경계가 얼마나 유연하게 융합될 수 있는지를 잘 보여 주는 예라고 할 수 있다.

AI와 점묘법의 결합은 단순한 기술적 모방을 넘어, 예술의 새로운 가능성을 탐색하는 과정으로 이어질 것이다. 이는 예술가들에게 새로운 영감과 도구를 제공하며, AI가 예술 창작의 동반자로서 자리매김하는 데 기여할 것이다. 결과적으로, 점묘법과 AI의 융합은 예술의 미래를 더욱 다채롭고 풍부하게 만들어 줄 것이다.

더욱이, AI는 점묘법의 점들을 단순히 재현하는 것을 넘어, 새로운 패턴과 색채 조합을 창조할 수 있는 능력을 갖추고 있다. 이는 점묘법이 이미 예술적 표현의 혁신을 이끌었듯이, AI도 새로운 예술적 지평을 개척할 수 있음을 의미한다. 예술가들은 AI를 활용하여 점묘법의 기법을 현대적으로 재해석하거나, 전혀 새로운 스타일을 창조하는 데 도전할 수 있다. 이러한 협업은 예술과 기술의 경계를 더욱 확장시키며, 미래 예술의 방향성을 제시할 것이다.

점묘법과 AI의 만남은 예술의 역사를 다시 쓰는 중요한 전환점이 될 것이다. AI가 점묘법의 원리를 학습하고 이를 바탕으로 새로운 작품을 창작할 때, 인간 예술가들은 이를 도구로 활용해 창의적인 아이디어를 더욱 풍부하게 표현할 수 있다. 예술가와 AI의 협업은 인간의 감성과 AI의 분석력이 결합되어, 더욱 깊이 있는 예술 작품을 탄생시킬 수 있는 가능성을 열어 준다. 이는 예술의 경지(State of the Art)가 단순히 인간의 기술적 성취를 넘어, 인간과 기계의 창의적 협업을 통해 확장될 수 있음을 보여 준다.

결론적으로, 점묘법은 예술과 기술의 상호작용에서 중요한 역할을 담당해 왔으며, 컴퓨터 비전과 AI의 발전에 큰 영향을 미쳤다. AI는 점묘법의 원리를 바탕으로 픽셀 기반의 디지털 이미지 처리와 창작에 새로운 가능성을 열어주고 있으며, 이는 예술의 미래를 더욱 다채롭고 혁신적으로 만들 것이다. AI의 최고 성능 상태를 '예술의 경지(State of the Art)'라 부른다고 서문에서 밝힌 바 있다. 이는 기술과 예술이 서로를 보완하며, 인간의 창의성을 극대화하는 방향으로 나아가고 있음을 의미한다. 점묘법과 AI의 융합은 이러한 흐름의 선두에 서서, 예술과 기술이 함께 발전하는 새로운 시대를 열어 갈 것이다.

참고문헌

위키백과. 그랑드자트섬의 일요일 오후. https://ko.wikipedia.org/wiki/그랑드자트섬의_일요일_오후

02
원근법과 소실점을 활용한 3D 복원

2차원 평면에 3차원 공간감을 구현하는 원근법은 르네상스 시대에 발전한 혁신적 기법이다. 필리포 브루넬레스키가 정립하고 레오나르도 다빈치가 〈최후의 만찬〉에서 완성한 이 기술은 깊이와 입체감을 극대화했다. 오늘날 원근법과 소실점의 원리는 컴퓨터 비전 기술에서 3D 복원과 자율 주행, AR/VR 등으로 이어지며, 과거와 현재를 잇는 중요한 연결고리가 되고 있다.

AI와 MBTI?

원근법과 소실점의 탄생

원근법(Perspective)은 15세기 르네상스 시기에 발전한 회화 기법으로, 2차원 평면 위에 3차원 공간감을 표현하기 위해 고안되었다. 원근법의 핵심 요소인 소실점(Vanishing Point)은 모든 직선이 한 점으로 수렴하도록 설정하여 깊이와 입체감을 강조하는 방식이다. 이러한 기법은 3차원 세계를 정확하게 재현하려는 예술가들의 노력에서 비롯되었다.

르네상스 시대의 건축가이자 화가인 필리포 브루넬레스키(Filippo Brunelleschi)는 원근법의 창시자로 널리 알려져 있다. 그는 1420년대에 피렌체 대성당의 돔을 설계하는 과정에서 기하학적 원근법을 정립했다. 브루넬레스키는 거울과 평면에 반사된 이미지를 통해 소실점의 원리를 증명했으며, 이를 통해 2차원 평면에 3차원 깊이를 구현할 수 있는 방법을 확립했다. 그의 혁신은 화가들이 보다 현실감 있는 그림을 그릴 수 있도록 도왔으며, 원근법은 곧 르네상스 미술의 표준 기법으로 자리 잡았다.

레오나르도 다빈치(Leonardo da Vinci)는 브루넬레스키의 원근법을 발전시켜 예술에 적용한 대표적인 화가다. 그의 명작 〈최후의 만찬〉은 단 하나의 소실점을 설정하여 깊이와 입체감을 극대화한 작품이다. 그림 속 예수의 얼굴이 소실점 역할을 하며, 주변의 건축물과 인물들이 이 소실점을 중심으로 배열되어 관람자의 시선이 자연스럽게 예수에게 집중되도록 설계되었다. 이는 단순히 예술적 표현을 넘어, 시각적 몰입을 유도하는 혁신적인 기법이었다.

〈최후의 만찬〉은 원근법의 정수를 보여 주는 작품으로, 다빈치는 소실점을 중앙에 두어 공간적 질서와 안정감을 극대화했다. 또한, 그림 속의 벽과 천장에 그어진 직선들이 소실점으로 수렴되며, 관람자는 자연스럽게 시선을 중심에 맞추게 된다. 이러한 방식은 단순히 평면에 깊이를 부여하는 데 그치지 않고, 작품의 주제를 강조하는 데도 중요한 역할을 한다. 다빈치의 원근법 활용은 이후 예술가들뿐만 아니라, 현대 기술에서도 여전히 중요한 분석 도구로 활용되고 있다.

원근법은 단순한 예술적 기교가 아니다. 이는 인간이 시각적으로 세계를 경험하는 방식을 정확하게 재현하려는 과학적 탐구의 산물이다. 이러한 원리는 현대의 컴퓨터 비전 기술 발전에도 직접적인 영향을 미쳤다. AI와 컴퓨터 비전은 소실점과 원근법의 개념을 기반으로 2D 이미지에서 3D 정보를 추출하는 방법을 개발하여, 자율 주행, 로봇 제어, 증강 현실(AR)/가상 현실(VR) 등의 다양한 응용 분야에서 활용되고 있다.

2D 이미지에서 3D 정보를 추출하는 컴퓨터 비전 기술

컴퓨터 비전 분야에서 3D 복원(3D Reconstruction)은 2차원 평면 이미지에서 3차원 공간 정보를 복원하는 중요한 기술이다. 이는 자율 주행, 로봇 제어, AR/VR과 같은 현대적 응용 분야에서 필수적인 기술로 자리 잡았다. 2D 이미지에서 3D 정보를 추출하는 과정은 소실점과 원근법의 원리를 응용하여 수행된다.

3D 복원 기술은 크게 두 가지 방식으로 나뉜다. 첫째는 단일 이미지 기반 복원(Single Image Reconstruction)이고, 둘째는 다중 이미지 기반 복원(Multi-Image Reconstruction)이다. 단일 이미지 기반 복원은 하나의 2D 이미지에서 3D 구조를 추출하는 방식으로, 소실점과 원근법의 개념이 중요한 역할을 한다. 예를 들어, 다빈치의 〈최후의 만찬〉처럼 단일 소실점을 가진 이미지는 AI가 공간적 구성을 분석하고 학습하는 데 있어 유용한 데이터로 활용된다. AI는 이미지를 분석해 소실점과 그에 수렴하는 선들을 감지하며, 이를 통해 공간의 깊이와 구

조를 추론한다.

다중 이미지 기반 복원은 여러 각도에서 촬영된 이미지를 결합하여 더 정밀한 3D 모델을 생성한다. 이 방식은 카메라의 위치와 각도를 정확히 계산하여 이미지 간의 공간적 관계를 활용한다. 예를 들어, AI는 여러 각도에서 찍힌 건물의 이미지를 결합해 3D 모델을 생성하며, 이 과정에서 원근법의 원리가 적용된다.

AI는 이러한 과정을 통해 2D 이미지에 숨겨진 3D 정보를 복원하고, 이를 다양한 분야에 활용한다. 자율 주행 기술에서는 차량에 장착된 카메라가 도로 환경을 촬영한 2D 이미지를 분석하여 도로의 구조와 장애물의 위치를 3D로 변환해 경로를 계획한다. 로봇 제어에서는 3D 복원 기술이 로봇이 환경을 인식하고 물체를 조작하며 정확히 이동할 수 있도록 지원한다. AR/VR 기술에서는 3D 복원 기술이 가상 환경과 현실 환경을 연결하고 사용자에게 몰입감 있는 경험을 제공한다.

이와 같은 3D 복원 기술은 원근법의 원리를 디지털화한 결과라고 볼 수 있다. 예술 작품에서 사용된 원근법은 AI가 이미지 속 공간 정보를 감지하고, 이를 3D로 변환하는 데 있어 중요한 학습 자료가 된다. 이는 예술과 기술이 어떻게 상호작용하며 발전하는지를 보여 주는 대표적인 사례다.

원근법과 3D 복원 기술을 발전시킨 선구자들의 공통점

원근법을 창시한 필리포 브루넬레스키와 3D 복원 기술을 발전시킨 현대 과학자들은 인간의 시각적 경험을 분석하고, 이를 기술적으로 구현하려는 공통된 열망을 가지고 있었다. 두 분야 모두 현실 세계의 공간적 정보를 보다 정밀하고 정확하게 표현하려는 시도에서 시작되었다.

브루넬레스키는 거울과 기하학을 활용하여 원근법의 원리를 증명했다. 그는 현실 세계의 깊이와 거리감을 평면에 표현하기 위해 소실점과 직선의 수렴을 도입했으며, 이를 통해 3차원 공간의 정보를 2차원 평면에 성공적으로 구현했다. 그의 연구는 단순한 예술적 기교를 넘어, 공간적 경험의 과학적 재현이라는 중요한 전환점을 제시했다.

현대의 컴퓨터 비전 연구자들은 브루넬레스키와 다빈치의 작업에서 영감을 받아 2D 이미지에서 3D 정보를 복원하는 기술을 개발했다. 예를 들어, 폴 데베벡(Paul Debevec) 같은 과학자는 컴퓨터 그래픽과 비전 기술을 결합하여 이미지 기반 모델링(Image-Based Modeling)과 렌더링(Rendering)을 발전시켰다. 그의 연구는 소실점과 원근법의 원리를 사용해 2D 이미지에서 3D 구조를 생성하고, 이를 영화나 가상현실에 활용하는 데 기여했다.

브루넬레스키와 데베벡의 공통점은 인간의 시각적 경험을 기술적으로 재현하고자 하는 혁신적인 접근법에 있다. 브루넬레스키는 기하학적 실험을 통해 예술적 표현의 새로운 지평을 열었으며, 데베벡은 이를 디지털화하여 현대 기술로 확장했다. 두 사람 모두 현실 세계의 공간적 특징을 정밀하게 분석하고, 이를 표현하는 도구를 개발하는 데 주력했다.

원근법과 3D 복원 기술은 시간적으로나 기술적으로 상당히 떨어져 있지만, 이 둘을 연결하는 핵심은 인간의 시각적 경험을 보다 실감 나게 재현하려는 공통된 목적이다. 예술에서 시작된 원근법은 3D 복원 기술의 탄생에 중요한 아이디어를 제공했으며, 이는 다시 예술과 기술의 융합을 가능하게 하는 기반이 되었다.

원근법 분석이 AI 기술 발전에 미친 영향

르네상스 시대의 원근법 분석은 AI 연구에 새로운 방향을 제시했다. 원근법은 인간의 시각적 경험을 평면에 재현하는 기술로, AI가 이미지를 이해하고 3D 정보를 추출하는 데 있어 강력한 도구로 작용한다. 예술 작품 속 원근법의 활용은 AI에게 이미지 속 공간 정보를 감지하고, 이를 3차원으로 변환하는 기법을 학습하게 한다.

레오나르도 다빈치의 〈최후의 만찬〉은 AI가 학습할 수 있는 이상적인 사례다. AI는 이 작품의 구조적 특징을 분석하여, 소실점을 기준으로 하는 공간 배치와 깊이감을 학습한다. 다빈치의 소실점 설정 방식은 단순한 예술적 기교가 아니라, AI가 공간을 이해하는 데 있어 중요한 단서를 제공한다. 특히, AI는 예술 작품에서 사용된 원근법의 패턴을 학습하여, 현대 이미지 처리 기술에 이를 응용한다.

AI와 원근법의 결합은 예술적 표현과 기술적 분석의 경계를 허물며, 두 영역이 융합될 수 있음을 보여 준다. 예술 작품의 분석은 단순한 미학적 탐구를 넘어, 기술적 혁신의 기반이 되고 있다. AI는 원근법과 소실점의 원리를 활용해 더 정교한 3D 복원 기술을 개발하며, 이는 자율 주행, 로봇 제어, AR/VR 등 다양한 응용 분야에 기여한다.

참고문헌

김상훈 외(2003). 소실점을 이용한 3차원 재구성. ≪정보처리학회논문지≫, 10B(5), pp.515-520. doi: 10.3745/KIPSTB.2003.10B.5.515.

03
Intrinsic Color와 Albedo 분석: 명화 속 컴퓨터 비전

컴퓨터 비전 기술은 물체의 고유한 색상과 표면의 특성을 분석하여 이미지를 이해한다. 인트린직 컬러와 알베도 분석은 조명과 반사도의 영향을 제거해 본질적인 색상을 복원한다. 이러한 기술은 명화 분석과 3D 복원, AR/VR 등 다양한 분야에서 중요한 역할을 한다.

AI와 난임 극복?

컴퓨터 비전과 색상 분석의 중요성

컴퓨터 비전 기술에서 색상은 이미지를 이해하고 물체를 인식하는 데 중요한 기초 정보를 제공한다. 디지털 이미지는 픽셀 단위로 저장되며, 각 픽셀은 R(빨강), G(초록), B(파랑) 값의 조합으로 색상을 나타낸다. 그러나 이 색상 값은 단순히 물체의 고유 색상만 반영하지 않는다. 실제로 AI가 이미지에서 얻는 색상 정보는 여러 요인의 영향을 받는다. 주변 빛의 세기와 색온도, 물체 표면의 반사도, 그리고 카메라 센서의 특성까지도 색상 인식에 영향을 미친다.

예를 들어, 금속처럼 반사율이 높은 재질과 천처럼 반사율이 낮은 재질은 같은 조명 아래에서도 픽셀에 저장된 색상이 다르게 나타난다. 금속은 주변 환경의 빛을 강하게 반사하기 때문에 더 밝은 색상으로 인식되며, 천은 빛을 흡수하면서 비교적 어두운 색상으로 저장된다. 따라서 컴퓨터 비전 기술에서 단순히 픽셀에 저장된 RGB 값을 사용하는 것만으로는 물체의 특성을 정확히 이해하기 어렵다.

이 문제를 해결하기 위해, 컴퓨터 비전은 이미지에서 주변 환경의 영향을 제거하고 물체가 가진 고유의 색상을 추출하는 기술을 개발했다. 이를 인트린직 컬러

(Intrinsic Color)와 알베도(Albedo) 분석이라고 한다. 인트린직 컬러는 물체가 가진 본래의 색상을 나타내며, 알베도는 물체 표면의 반사율과 관련된 정보를 제공한다. 이러한 분석은 단순한 색상 인식에 그치지 않고, 물체의 재질이나 3차원 구조를 파악하는 데에도 유용하게 활용된다.

인트린직 컬러와 알베도의 원리

인트린직 컬러와 알베도 분석은 이미지에서 주변 환경의 빛과 반사도의 영향을 제거하여 물체의 본질적인 색상과 특성을 추출하는 과정이다. 이 분석은 조명 모델링, 표면 반사 분석, 그리고 색상 복원의 단계를 포함하며, 각각의 과정이 긴밀히 연결되어 수행된다.

조명 모델링은 이미지 속 조명의 영향을 이해하고 제거하는 단계다. 조명은 이미지에 기록된 색상에 가장 큰 영향을 미친다. 조명의 세기와 색온도는 물체의 색상을 왜곡시키거나, 특정 색상을 강조하는 방식으로 이미지에 영향을 준다. AI는 이미지에서 광원의 색상과 세기를 분석하여, 물체가 본래 가진 색상을 계산한다. 이를 통해 빛의 영향을 제거하고 물체의 고유한 색상을 복원할 수 있다. 조명 모델링은 특히 명화나 자연 경관처럼 복잡한 조명 조건이 존재하는 이미지에서 중요한 역할을 한다.

표면 반사 분석은 물체의 표면이 빛을 반사하거나 흡수하는 특성을 이해하는 과정이다. 물체의 표면 재질은 반사도를 통해 빛과 상호작용하며, 이는 이미지에 기록된 색상에 영향을 미친다. 예를 들어, 금속과 같은 고반사성 재질은 주변 환경의 빛을 강하게 반사하여 밝게 보이는 반면, 천과 같은 저반사성 재질은 빛을 흡수하여 어둡게 보인다. AI는 이러한 반사도를 분석하여, 표면에서 반사된 빛과 물체 고유의 색상을 구분한다. 이 과정은 알베도를 계산하는 데 중요한 역할을 하며, 알베도는 물체 표면의 반사율과 관련된 정보를 제공한다.

색상 복원은 조명과 반사도의 영향을 제거한 뒤, 물체의 본질적인 색상을 복원하는 단계다. 이 과정에서 AI는 이미지에서 얻은 조명 모델과 표면 반사 데이터를 바탕으로 인트린직 컬러를 추출한다. 인트린직 컬러는 주변 환경의 영향을 받지 않은 순수한 물체 고유의 색상을 나타낸다. 이는 물체를 정확히 인식하거나 3차원 구조를 복원하는 데 필수적인 정보를 제공한다.

인트린직 컬러와 알베도 분석의 과정을 통해, 컴퓨터 비전은 물체의 본질적인 특성을 정확히 파악할 수 있다.

예를 들어, 반짝이는 금속 표면과 매트한 나무 표면은 같은 색상을 가진 물체라도 완전히 다른 특성을 가지게 된다. AI는 이러한 차이를 감지하고 분석하여, 물체를 분류하거나 복원하는 데 필요한 핵심 데이터를 제공한다. 이는 컴퓨터 비전 기술이 이미지를 이해하는 방식의 근본적인 변화를 이끌어 내는 중요한 요소로 작용한다.

명화 속에서 빛과 색을 이해하기

인트린직 컬러와 알베도 분석은 현대 컴퓨터 비전 기술의 핵심이지만, 이 원리는 오래전 예술가들에 의해 직관적으로 활용되었다. 예술가들은 물체가 가진 고유의 색상과 빛의 영향을 구분하여 작품을 표현하려 노력했다. 이러한 노력은 특히 명화에서 두드러진다.

얀 반 에이크의 〈아르놀피니 부부의 초상〉은 빛과 색채를 탁월하게 활용한 예술 작품이다. 이 작품에서 반 에이크는 빛의 반사와 물체 고유 색상을 정밀하게 구분하여 인물과 배경의 세부적인 질감을 표현했다. 그림 속 유리잔과 거울은 주변의 빛을 섬세하게 반사하며, 반짝이는 질감과 고유의 색상을 동시에 보여 준다. 이는 단순히 물리적 현상을 재현한 것을 넘어, 물체가 가진 본질을 탐구하려는 시도라고 할 수 있다.

〈아르놀피니 부부의 초상〉은 컴퓨터 비전 연구자들에게 중요한 영감을 제공한다. AI는 이 작품에서 빛의 영향을 분석하고, 물체의 본래 색상을 복원하는 과정을 학습할 수 있다. 예를 들어, 거울 표면에 반사된 빛의 색상과 실제 거울의 고유 색상을 분리하는 기술은 현대 알베도 분석 알고리즘과 동일한 원리를 따른다.

또한, 이 작품에서 사용된 섬세한 빛의 표현은 3차원 정보를 추출하는 데에도 도움을 준다. 벽과 천장의 빛 반사 패턴은 공간의 깊이와 구조를 암시하며, AI는 이러한 정보를 활용해 2차원 이미지를 3차원 공간으로 변환할 수 있다.

현대 컴퓨터 비전 기술은 이러한 예술적 접근을 기반으로, 색상과 빛의 관계를 더 정밀하게 분석하고 이를 다양한 응용 분야에 적용하고 있다. 예를 들어, 자율 주행 기술은 도로 표면의 반사도를 분석하여 도로의 상태를 파악하고, AR/VR 기술은 알베도 정보를 활용해 현실적인 조명 환경을 구현한다.

인트린직 컬러와 알베도 분석의 미래 가능성

인트린직 컬러와 알베도 분석은 단순히 이미지를 이해하는 도구를 넘어, 예술적 복원과 디지털 복제 기술에서도 중요한 역할을 한다. 오래된 명화는 시간의 흐름에 따라 색상이 변하거나 손상될 수 있다. AI는 알베도 분석을 통해 명화의 원래 색상을 복원하는 데 활용될 수 있다. 예를 들어, 빛의 영향을 제거하고 원래의 색조를 복원하는 과정은 〈아르놀피니 부부의 초상〉처럼 정밀한 색상 표현이 요구되는 작품에서 특히 유용하다.

더 나아가, 이러한 기술은 창작 분야에서도 활용 가능성을 제시한다. AI는 인트린직 컬러 분석을 통해 기존의 명화를 기반으로 새로운 작품을 창작하거나, 특정 예술가의 화풍을 디지털로 재현하는 데 도움을 줄 수 있다. 예술과 기술의 융합은 새로운 창작의 장을 열어 가고 있으며, 컴퓨터 비전은 그 중심에 서 있다.

또한 인트린직 컬러와 알베도 분석은 VR과 증강AR 기술에서도 중요한 역할을 한다. 예를 들어, AR 기술은 현실 환경의 조명을 분석하여, 가상 객체가 실제 환경에 자연스럽게 어우러질 수 있도록 한다. 이는 현실과 가상 세계의 경계를 허물고, 보다 몰입감 있는 경험을 제공한다.

결론적으로, 인트린직 컬러와 알베도 분석은 컴퓨터 비전 기술의 발전에서 중요한 위치를 차지하고 있다. 이 기술은 단순히 이미지를 분석하는 것을 넘어, 예술, 복원, 창작, 그리고 디지털 기술의 다양한 응용 분야에 새로운 가능성을 열어 준다. 명화 속에서 발견된 예술적 통찰은 컴퓨터 비전 연구자들에게 끝없는 영감을 제공하며, AI가 예술과 기술의 경계를 확장하는 데 기여할 것이다.

참고문헌

위키백과. 아르놀피니 부부의 초상.
https://ko.wikipedia.org/wiki/아르놀피니_부부의_초상

04
HDR 기술과 Retinex 알고리즘: 렘브란트의 <야경>

HDR 기술은 밝고 어두운 영역을 세부적으로 표현하여 이미지를 더 사실적으로 만든다. 렘브란트의 〈야경〉은 이러한 HDR 기술의 미학적 기준과 유사한 명암 표현으로 주목받는다. Retinex 알고리즘은 인간 시각을 모방해 조명과 반사도를 분석하며, 명화와 현대 기술의 접점을 탐구하는 중요한 도구다.

AI와 사주?

다이내믹 레인지와 HDR 기술의 본질

검은색과 흰색은 단순히 하나의 색으로 정의할 수 없다. 모든 검은색과 흰색은 그 명도와 채도의 변화에 따라 무수히 많은 단계로 나뉜다. 이를 시각적으로 표현하기 위해 컴퓨터 비전에서는 비트(bit)라는 단위를 사용한다. 1비트는 두 가지 상태(0과 1)를 표현할 수 있으며, 이를 통해 색의 단계를 세분화한다.

보통 이미지는 8비트로 표현되며, 이는 2의 8제곱(256)의 단계를 나타낸다. R(빨강), G(초록), B(파랑) 각각의 채널이 8비트로 구성되어 있어, 각각 256개의 단계를 가진다. 이 세 가지 채널의 조합을 통해 총 2의 24제곱, 즉 1677만7216개의 색상을 표현할 수 있다. 이러한 색상의 범위를 '다이내믹 레인지(Dynamic Range)'라고 부른다.

그러나 8비트의 다이내믹 레인지는 실제 세계에서의 빛과 어둠을 표현하기에는 한계가 있다. 자연 환경에서는 태양빛처럼 극도로 밝은 빛과 깊은 그림자처럼 어두운 영역이 공존한다. 이러한 밝기 차이를 한 이미지에 담기 위해 개발된 기술이 바로 HDR(High Dynamic Range) 기술이다. HDR은 명암비를 극대화하여, 한 이미지에서 밝은 부분과 어두운 부분을 모두 세부적으로 표현할 수 있게 한다. 이는 컴퓨터 비전뿐만 아니라, 디지털 카메라, 영화, 게임 등 다양한 응용 분야에서 활용된다.

렘브란트의 〈야경(The Night Watch)〉은 빛과 어둠의 극적인 대비를 통해 인물과 배경을 생동감 있게 표현한 작품으로, HDR 기술과 밀접한 유사점을 가진다. 이 작품은 단순히 밝기와 어둠을 나누는 데 그치지 않고, 그림자 속의 디테일과 빛의 반사를 정교하게 묘사하며, 공간과 인물의 존재감을 강조한다. 현대의 HDR 기술은 이러한 렘브란트의 표현 방식을 디지털 이미지로 재현하고 확장하는 데 유용한 도구가 된다.

Retinex 알고리즘과 AI의 이미지 분석

HDR 기술을 구현하기 위해 컴퓨터 비전에서 사용되는 대표적인 방법 중 하나가 Retinex 알고리즘이다. Retinex는 인간의 시각 시스템에서 영감을 받아 개발된 알고리즘으로, 복잡한 조명 환경에서도 이미지의 색상과 명암을 정확히 복원하는 데 중점을 둔다. Retinex는 'Retina(망막)'와 'Cortex(대뇌피질)'의 합성어로, 인간의 눈과 뇌가 협력하여 빛과 색상을 해석하는 방식을 모방한 것이다.

Retinex 알고리즘의 핵심은 이미지의 각 픽셀을 독립적으로 분석하고, 주변 픽셀과의 상대적 관계를 통해 조명과 반사도를 분리하는 데 있다. 이 과정은 크게 세 단계로 이루어진다.

첫 번째 단계는 조명 복원이다. 이 과정에서 AI는 이미지의 전반적인 조명 분포를 분석하고, 과도하게 밝거나 어두운 부분을 균형 있게 조정한다. 조명이 균형을 이루게 되면, 물체의 본래 색상과 디테일을 더 명확히 관찰할 수 있다.

두 번째 단계는 반사도 추출이다. 물체의 표면은 조명에 따라 다르게 반응하며, 이는 픽셀의 색상과 명암에 영향을 미친다. Retinex 알고리즘은 물체의 반사도와 조명의 영향을 분리하여, 물체의 고유한 특성을 추출한다.

세 번째 단계는 명암비 조정이다. HDR 기술이 가장 두드러지게 발휘되는 부분으로, 이 과정에서 밝은 영역과 어두운 영역이 동시에 세부적으로 표현되도록 조정한다. 이를 통해 이미지는 인간의 시각 경험에 더 가까워지며, 높은 수준의 사실감과 몰입감을 제공한다.

Retinex 알고리즘은 렘브란트의 〈야경〉과 같은 작품의 디지털 복원 및 분석에서도 큰 역할을 한다. 〈야경〉의 어두운 배경과 강렬한 조명 대비는 AI가 Retinex 알고리즘을 통해 분석하기에 이상적인 사례다. AI는 이 작품에서 빛의 방향과 강도, 그리고 각 인물과 사물의 표면 반사를 학습하며, 이를 기반으로 명암을 복원하거나 작품을 디지털화할 수 있다.

렘브란트의 〈야경〉과 HDR 기술의 접점

렘브란트는 빛과 어둠의 극적인 대비를 통해 인물과 장면의 입체감을 극대화한 화가로, 그의 작품은 오늘날 HDR 기술의 미학적 기준을 제시했다고 볼 수 있다. 〈야경〉은 렘브란트가 빛과 그림자를 사용하여 이야기를 전달하고, 시각적 중심을 강조한 대표적인 작품이다.

〈야경〉에서 렘브란트는 빛을 통해 주요 인물을 강조하고, 주변의 어두운 공간과 강렬한 대비를 이루었다. 그러나 이 어둠 속에서도 렘브란트는 세부적인 디테일을 놓치지 않았다. 그림자 속의 질감과 인물들의 미세한 표정은 빛의 반사를 통해 생동감 있게 표현되었으며, 이는 관람객이 그림 속 이야기에 몰입하게 만드는 중요한 요소가 되었다.

HDR 기술은 렘브란트의 이러한 표현 방식을 디지털 이미지로 구현하는 데 이상적인 도구다. HDR은 밝기와 어둠의 세부 정보를 동시에 보존하여, 렘브란트가 그려낸 명암의 복잡한 구조를 재현할 수 있다. 예를 들어,

〈야경〉 속에서 빛이 갑옷에 반사되는 모습과 어두운 배경 속에서 빛을 머금은 천의 질감은 HDR 기술을 통해 디지털 이미지에서 생생하게 복원될 수 있다.

현대의 AI는 HDR 기술과 Retinex 알고리즘을 결합하여, 렘브란트의 작품을 더 깊이 이해하고 분석할 수 있다. AI는 〈야경〉의 각 영역에서 빛의 분포와 반사도를 분석하며, 이를 통해 작품의 원래 색조와 명암 구성을 복원한다. 또한, 이 데이터를 활용해 새로운 작품을 창작하거나, 기존 명화를 현대적 방식으로 재해석하는 데 활용할 수도 있다.

렘브란트의 〈야경〉과 HDR 기술의 접점은 단순한 기술적 분석을 넘어, 예술과 과학의 경계를 허무는 중요한 시사점을 제공한다. 이는 명화 속에 담긴 미학적 가치를 보존하면서도, 현대 기술을 통해 이를 확장하고 재해석할 수 있는 가능성을 열어 준다.

HDR 기술과 Retinex의 미래

HDR 기술과 Retinex 알고리즘은 단순히 이미지의 밝기와 어둠을 조정하는 것을 넘어, 예술 복원, 디지털 복제, 창작 등 다양한 분야에서 중요한 역할을 한다. 특히, 명화 복원에서는 시간이 지나며 손상된 작품의 원래 색조와 명암을 복원하는 데 활용된다. AI는 Retinex 알고리즘을 통해 빛의 영향을 제거하고, 작품의 본래 색상을 재현하여 예술적 가치를 보존한다.

또한 HDR 기술은 창작 과정에서도 새로운 가능성을 제시한다. 현대의 예술가들은 HDR 기술을 활용해 빛과 어둠의 극적인 대비를 실험하고, 렘브란트와 같은 고전 화가들의 미학적 접근을 현대적으로 재해석할 수 있다. 이는 예술과 기술이 협력하여 새로운 미적 기준을 만들어가는 과정을 보여 준다.

더 나아가, HDR 기술은 가상 현실(VR)과 증강 현실(AR)에서도 핵심적인 역할을 한다. 현실적인 조명과 명암 표현은 가상 공간에서 사용자가 몰입감을 느끼도록 돕는다. 이는 렘브란트가 빛과 어둠을 사용해 관람객의 시선을 유도했던 방식과 유사하며, 그의 작품이 현대 기술에 미친 영향을 상기시킨다.

결론적으로, HDR 기술과 Retinex 알고리즘은 컴퓨터 비전 기술의 중요한 축으로, 예술과 기술을 연결하는 다리 역할을 하고 있다. 렘브란트의 〈야경〉은 이 기술이 어떻게 명암과 색상의 본질을 포착하고, 예술적 가치를 현대적으로 계승할 수 있는지를 보여주는 이상적인 사례다. 이러한 기술은 예술의 과거를 보존할 뿐만 아니라,

미래를 열어가는 중요한 도구로 작용할 것이다.

참고문헌

위키백과. 야경 (렘브란트).
https://ko.wikipedia.org/wiki/야경_(렘브란트)

05
초현실주의와 GAN

초현실주의와 GAN은 전통 예술과 첨단 인공지능 기술이 만나 새로운 예술 세계를 열어가는 혁신적 조합이다. 달리의 〈기억의 지속〉과 마그리트의 〈이것은 파이프가 아니다〉처럼 기존의 경계를 넘어선 상상력을, GAN은 방대한 데이터 학습을 통해 현실 너머의 비현실적 이미지를 창조하여 미래 예술의 새로운 지평을 제시할 것이다.

AI와 아이돌?

초현실주의의 탄생과 정신

초현실주의는 20세기 초에 등장한 예술 운동이다. 이 운동은 전통적인 현실 재현의 한계를 넘어 꿈과 무의식, 상상력의 세계를 자유롭게 표현하고자 하는 예술적 시도다. 초현실주의 예술은 인간 내면의 복잡한 감정과 심리를 드러내며, 현실과 비현실의 경계를 허물고자 하는 특징을 지니고 있다. 대표적인 초현실주의 화가로는 살바도르 달리와 르네 마그리트가 있으며, 이들은 기존의 고정된 사고방식을 탈피하여 상상의 영역을 펼치며 관객에게 새로운 시각적 경험을 제공한 것이다.

달리와 마그리트는 현실의 제약을 넘어선 이미지를 통해 관객으로 하여금 상상력의 한계를 다시 한번 깨닫게 하였으며, 이 과정에서 인간 존재의 복합성과 무의식을 깊이 있게 탐구한 것이다. 초현실주의는 단순한 환상이 아니라 인간 내면에 숨겨진 감정과 욕망, 무의식의 세계를 드러내어 관객에게 새로운 인식을 선사하는 예술 운동이다.

달리의 〈기억의 지속〉과 마그리트의 〈이것은 파이프가 아니다〉

살바도르 달리의 〈기억의 지속〉은 초현실주의를 대표

하는 작품이다. 이 작품은 부드럽게 녹아내리는 시계들이 등장하는데, 이는 시간이라는 개념이 단순히 흐르는 것이 아니라 꿈이나 상상처럼 유동적이고 변덕스러운 것임을 암시한 것이다. 녹아내리는 시계는 고정된 형태를 잃고 흐르는 물질처럼 보이며, 관객으로 하여금 시간과 현실의 경계를 넘어선 세계를 체험하게 하는 역할을 한 것이다. 달리는 이 작품을 통해 기존의 논리와 합리성에 얽매이지 않고 무의식 속에 존재하는 상상의 이미지를 시각적으로 표현하고자 하였으며, 이는 초현실주의의 핵심 정신임이 분명하다.

한편, 르네 마그리트의 〈이것은 파이프가 아니다〉는 사물과 이미지 사이의 근본적인 관계에 대해 질문을 던진 작품이다. 마그리트는 파이프의 그림 아래에 "이것은 파이프가 아니다"라는 문구를 삽입하여, 그림이 단순한 대상의 모사에 불과하며 그 자체로 대상을 규정할 수 없음을 강조하였다. 이 작품은 관객에게 우리가 보는 이미지와 실제 사물 사이에는 본질적인 차이가 있음을 상기시키며, 인식의 한계를 드러내고자 한 것이다. 달리와 마그리트의 이러한 혁신적인 표현은 초현실주의가 단순한 비현실적 상상을 넘어 사고의 전환을 요구하는 예술임을 명확히 보여 주는 대표적인 예시다.

GAN: 인공지능의 창조적 도구

현대에 들어 인공지능 기술은 비약적으로 발전하였으며, 이와 함께 예술 분야에도 혁신적인 변화가 나타나고 있다. 특히 GAN(Generative Adversarial Networks, 생성적 적대 신경망)은 인공지능이 창조적인 이미지를 생성하는 데 큰 역할을 하고 있는 혁신적인 기술이다. GAN은 두 개의 인공 신경망으로 구성되어 있으며, 하나는 '생성자'로서 무에서 유를 창조하여 새로운 이미지를 만들어 내고, 다른 하나는 '판별자'로서 생성된 이미지가 실제와 얼마나 유사한지를 평가하는 역할을 한다. 이 두 신경망은 서로 경쟁하며 동시에 협력하는 과정을 통해 점차 정교하고 사실적인 이미지를 만들어 내게 된다. 이러한 경쟁 구조는 마치 예술가가 끊임없이 자신의 작품을 개선하며 새로운 표현을 모색하는 과정과 유사하다.

GAN의 작동 원리는 매우 단순하게 설명할 수 있다. 먼저 생성자는 임의의 잡음(noise)을 입력으로 받아 이미지를 생성하는데, 이 과정은 마치 화가가 캔버스에 첫 번째 붓질을 하는 것과 같다. 이후 판별자는 이 이미지를 평가하여, 그것이 실제 이미지 데이터 세트에서 가져온 것과 얼마나 유사한지를 판단한다. 만약 생성된 이미지가 실제와 크게 다르다면, 판별자는 이를 '가짜'로 판정하며 생성자에게 피드백을 제공한다. 이 피드백을 바탕으로 생성자는 다시 이미지를 수정하게 되고, 이러한 과정이 수차례 반복되면서 생성자는 점점 더 현실적인 이미지를 만들게 된다. GAN의 이러한 반복 학습 과정은 인간 예술가가 여러 번의 스케치와 수정 과정을 거쳐 작품을 완성하는 과정과 닮아 있으며, 인공지능이 인간의 창조적 작업을 모방하는 한 방법이라 할 수 있다.

GAN은 방대한 양의 이미지 데이터를 학습하여 그 속에 존재하는 패턴과 스타일을 추출한 후, 이를 바탕으로 전혀 새로운 이미지를 생성할 수 있는 능력을 지니고 있다. 이 기술은 단순히 기존 이미지를 재조합하는 것을 넘어서, 인간의 상상력을 자극하는 전혀 새로운 형태의 이미지를 만들어 내는 혁신적인 도구이다. GAN을 통해 생성된 이미지는 때로는 우리가 일상에서 마주치는 현실과 매우 유사하면서도 동시에 전혀 다른, 비현실적이고 기괴한 요소를 포함하고 있어 관객으로 하여금 놀라움과 감탄을 자아내게 한다. 이러한 특징은 초현실주의 예술이 꿈과 무의식 속에서 창조해 내는 이미지와 놀라울 정도로 유사한 점이 있다.

초현실주의와 GAN의 공통된 창조적 정신

초현실주의와 GAN은 모두 현실의 제약을 넘어선 새로운 세계를 탐구한다는 공통된 창조적 정신을 지니고 있다. 초현실주의 화가들은 전통적인 기법과 재료를 사용하여 인간의 무의식, 꿈, 상상력의 세계를 캔버스에 표현하고자 하였으며, 이를 통해 관객에게 기존의 현실 인식을 넘어서는 새로운 시각적 경험을 선사하였다. 달리의 〈기억의 지속〉에서 나타난 녹아내리는 시계와 같이, 초현실주의는 시간과 현실의 경계를 흐리게 하여 관객으로 하여금 기존의 논리와 이성을 재고하게 만드는 힘을 지니고 있다. 르네 마그리트의 〈이것은 파이프가 아니다〉 또한 이미지와 사물 사이의 본질적인 차이를 드러내며 관객의 인식에 도전하였다.

GAN 역시 이러한 초현실주의적 정신을 구현하는 데 탁월한 능력을 보인다. GAN은 기존의 이미지 데이터를 학습하여 인간의 상상력으로는 도달하기 어려운 새로운 이미지, 즉 현실과 비현실이 공존하는 이미지를 생성한다. 예를 들어, GAN을 통해 생성된 이미지는 종종 인간의 얼굴이나 사물의 형태가 동시에 익숙하면서도 기괴하게 변형되어 나타난다. 이러한 결과물은 마치 꿈속에서나 볼 법한 초현실적인 장면을 연상시키며, 관객으로 하여금 기존의 시각적 인식과 틀을 넘어서는 새로운 예술적 경험을 제공한다. GAN이 만드는 이러한 비현실적인 이미지는 초현실주의 화가들이 캔버스 위에 그려낸 이미지와 유사한 감성을 자아내며, 인공지능 기술이 인간의 상상력과 예술 창작에 새로운 가능성을 열어 주는 도구임을 증명하는 것이다.

또한 GAN은 반복 학습과 피드백 과정을 통해 자신이 생성하는 이미지의 완성도를 높여 나간다는 점에서 초현실주의 화가들이 끊임없이 자신의 작품을 수정하고 보완하는 예술적 과정을 연상시킨다. GAN의 '생성자'와 '판별자' 사이의 경쟁 관계는 마치 예술가와 비평가 사이의 상호작용과도 같으며, 이를 통해 최종적으로 관객에게 전달되는 이미지는 더욱 정교하고 독창적인 작품이 된다. 이와 같이 GAN과 초현실주의는 모두 기존의 규범과 한계를 뛰어넘어 새로운 형태의 예술적 표현을 추구한다는 점에서 공통된 창조적 정신을 지니고 있다.

더 나아가 GAN을 활용한 초현실주의적 작품은 다양한 분야에 응용되고 있다. 영화, 광고, 가상 현실(VR) 콘텐츠 제작 등에서 GAN을 활용하여 현실에서는 결코 불가능한 장면이나 상상 속 이미지를 구현하는 사례가 증가하고 있다. 이러한 응용 사례들은 GAN이 단순히 예술 작품을 생성하는 기술을 넘어, 현대 사회에서 예술과 기술이 융합되는 중요한 매개체로 자리매김하고 있음을 보여 준다. 인공지능이 생성한 이미지는 전시회나 미술관에서도 소개되며, 관객들에게 인공지능과 예술이 만나 만들어 내는 새로운 미학과 감동을 체험할 기회를 제공한다. GAN을 통한 초현실주의적 창작물은 기술과 예술의 경계를 허물고, 인간 상상력의 무한한 가능성을 현실로 구현하는 도구로서 앞으로도 그 역할이 더욱 확대될 것으로 예상된다.

미래 예술의 새로운 지평과 인공지능의 역할

앞으로 인공지능과 예술의 융합은 더욱 심화될 것으로 예상되며, GAN과 같은 기술은 인간 예술가와의 협업을 통해 전혀 새로운 창작물을 만들어 낼 핵심 도구로 자리매김할 것이다. 인공지능이 생성한 독창적인 작품들은 전통적인 예술 작품과는 다른 미학을 선보이며 관객에게 신선한 감동을 제공할 것이다.

살바도르 달리의 〈기억의 지속〉이 시간의 유동성과 현실의 불안정함을 표현한 것처럼, GAN이 생성하는 이미지는 우리가 익숙한 현실을 넘어선 상상의 산물이다. 또한, 르네 마그리트의 〈이것은 파이프가 아니다〉가 이미지와 사물 사이의 근본적인 차이를 드러낸 것처럼, GAN이 창조하는 작품들은 현실과 비현실의 경계를 모호하게 만들며 관객으로 하여금 기존 인식을 재고하게 하는 역할을 한다. 인공지능과 예술의 융합은 단순한 기술 혁신을 넘어 인간 상상력의 무한한 가능성을 열어 주는 중요한 역할을 하며, 관객들에게 전혀 새로운 시각적 경험과 감동을 선사할 것이다.

현재 인공지능 기술이 예술에 도입되면서 많은 예술가들이 기술과의 융합을 시도하고 있다. 전통적인 기법과 현대 기술의 결합은 예술 창작에 있어 새로운 패러다임을 열어 주었으며, 특히 GAN은 기존에 상상할 수 없었던 형태의 이미지를 생성하는 혁신적인 도구로 주목받고 있다. GAN의 구조와 작동 원리는 예술 창작 과정과 많은 공통점을 지니며, 인간 예술가가 붓과 물감을 사용하여 자신의 내면세계를 표현하는 것처럼, GAN은 학습한 데이터를 바탕으로 독창적인 이미지를 만든다. 이러한 협업은 미래 예술의 새로운 방향을 제시할 뿐만 아니라, 예술의 정의와 가치를 다시 한 번 생각하게 하는 계기가 되고 있다.

결국 초현실주의와 GAN은 모두 현실의 경계를 넘어 새로운 세계를 탐구한다는 공통점을 지니고 있다. 살바도르 달리의 〈기억의 지속〉이 우리에게 시간의 유동성과 현실의 불안정함을 상기시켜 주는 것처럼, GAN이 만들어 내는 이미지는 우리가 익숙한 현실을 넘어선 상상력의 산물이다. 또한, 르네 마그리트의 〈이것은 파이프가 아니다〉가 이미지와 사물 사이의 근본적인 차이를 드러내듯, GAN이 창조하는 작품들은 현실과 비현실의 경계를 모호하게 만들며 관객으로 하여금 기존의 인식을 재고하게 하는 역할을 한다. 인공지능과 예술의 융합은 전통적 미학의 틀을 깨고, 인간과 기계가 함께 새로운 창작의 장을 열어 갈 중요한 계기가 될 것이다. 이와 같이 예술과 기술이 서로 보완하며 발전함에 따라, 미래에는 인간 상상력의 무한한 가능성과 인공지능이 창조하는 혁신적인 이미지가 만나 전혀 새로운 예술 세계를 열어 줄 것이라고 할 수 있다.

또한, GAN 기술의 발전은 예술의 민주화에 기여하는 측면도 있다. 과거에는 전문적인 예술 교육과 재능이 있어야만 독창적인 작품을 창조할 수 있었으나, 이제는 인공지능 도구를 활용하면 누구나 손쉽게 창의적인 이미지를 만들 수 있게 되었다. 이러한 기술의 보급은 예술 창작의 문턱을 낮추고, 더 많은 사람들이 자신의 상상력을 표현할 수 있는 기회를 제공하게 된다. 인공지능과의 협업은 예술가뿐만 아니라 일반인에게도 새로운 예술 체험의 장을 열어 주며, 다양한 문화적 교류와 창의적 혁신을 촉진하는 역할을 하게 될 것이다.

앞으로 인공지능과 예술의 융합은 더욱 깊어져, GAN과 같은 기술이 전통적인 예술 기법과 결합하여 우리가 상상하지 못한 새로운 예술적 표현을 탄생시킬 것으로 기대된다. 인공지능이 창조하는 이미지들은 기존의 경계를 허물고, 현실과 꿈의 경계에서 새로운 감동과 영감을 선사할 것이다. 이와 같이 GAN은 전통적인 초현실주의 예술의 정신을 현대적으로 재해석하는 도구로서, 미래 예술의 발전에 중대한 역할을 할 것이며, 관객들에게 새로운 시각적 경험을 지속적으로 제공하게 될 것이다.

참고문헌

위키백과. 기억의 지속. https://ko.wikipedia.org/wiki/기억의_지속

위키백과. 이미지의 배반. https://ko.wikipedia.org/wiki/이미지의_배반

Ian J. Goodfellow,, et al.(2014). Generative adversarial networks. arXiv, https://arxiv.org/abs/1406.2661

06
패턴의 힘: 예술과 컴퓨터 비전을 잇는 열쇠

빈센트 반 고흐의 〈별이 빛나는 밤〉은 소용돌이치는 하늘과 반복되는 선들이 감성을 자극하는 걸작이다. 이 작품은 강렬한 색채와 역동적인 패턴을 통해 관객에게 깊은 인상을 남기며, 예술의 내면적 메시지를 전달하는 역할을 한다. 작품 속 반복되는 패턴과 선의 중요성을 집중적으로 분석하고, 컴퓨터 비전이 이미지를 분석하며 주요 피처를 추출하는 방법과 그 응용 분야에 대해 쉽고 자세하게 설명한다.

AI와 야구?

패턴의 힘: 왜 반복이 예술과 컴퓨터 비전을 이끄는가

빈센트 반 고흐의 〈별이 빛나는 밤〉은 단순한 풍경화를 넘어, 인간의 감정과 자연의 신비로움을 표현한 걸작이다. 이 작품은 반복되는 선과 소용돌이치는 형태, 강렬한 색채의 조화 등 독특한 패턴으로 가득 차 있으며, 이 패턴들은 작품 전체의 분위기와 메시지를 전달하는 핵심적 요소다. 컴퓨터 비전 분야에서는 이러한 패턴 인식과 피처 추출이 이미지의 본질적 정보를 이해하는 데 매우 중요한 역할을 한다.

인공지능이 이미지를 분석할 때, CNN(Convolutional Neural Network)을 비롯한 딥러닝 모델은 컨볼루션 연산을 통해 이미지의 중요한 특징, 즉 피처를 뽑아내어 전체 이미지의 구조와 내용을 파악한다. 이 글은 반 고흐의 〈별이 빛나는 밤〉에서 패턴이 왜 중요한지, 그리고 컴퓨터 비전에서 CNN과 컨볼루션을 통한 피처 추출이 왜 필수적인지 알기 쉽게 설명하는 글이다. 이를 통해 예술 작품이 전달하는 감성과, 인공지능이 이미지 속 패턴을 어떻게 인식하는지를 자세히 살펴보며, 두 분야가 어떻게 융합되어 새로운 창작의 가능성을 열어 가는지 이해하고자 한다.

반 고흐의 〈별이 빛나는 밤〉과 패턴의 중요성

반 고흐는 〈별이 빛나는 밤〉을 통해 하늘의 소용돌이, 별빛의 반짝임, 그리고 어둠과 빛의 대비를 생생하게 표현하였다. 이 작품에서 보이는 패턴은 단순한 미적 요소를 넘어, 인간이 자연을 바라보는 방식과 그 안에 담긴 감정을 전달하는 중요한 매개체다.

첫째, 하늘에 펼쳐진 소용돌이치는 선들은 반복적이며 리드미컬한 패턴을 이루고 있다. 이 반복성은 마치 자연의 리듬과 질서를 상징하는 듯하며, 관객으로 하여금 우주의 무한함과 신비로움을 느끼게 한다. 반 고흐는 이러한 소용돌이를 통해 자연의 역동성과 고요한 평화를 동시에 표현하고자 하였으며, 이는 인간의 감정과 연결되어 깊은 인상을 남기는 것이다.

둘째, 작품 속 별빛은 단순한 점이 아니라, 빛의 흐름과 함께 반복되는 패턴으로 표현되어 있다. 이러한 패턴은 관객이 눈으로 직접 느낄 수 있는 시각적 즐거움과 더불어, 우주의 질서와 혼돈, 그리고 그 안에서 인간이 느끼는 감정을 상징하는 역할을 한다.

셋째, 마을과 교회, 그리고 주변 자연 요소들은 일정한 형태와 색채의 패턴을 이루어 작품 전체에 통일감과 안정감을 부여한다. 이와 같이 반복되는 패턴은 작품의 구성과 메시지를 명확하게 전달하며, 관객이 작품을 통해 감성적, 심리적 공감을 느낄 수 있도록 돕는다. 반 고흐의 〈별이 빛나는 밤〉은 이처럼 다양한 패턴을 통해 단순한 풍경화를 넘어, 인간의 내면과 자연의 본질에 대한 깊은 성찰을 담고 있는 작품이다.

컴퓨터 비전에서의 피처 추출과 CNN의 역할

컴퓨터 비전 기술은 기계가 인간처럼 이미지를 보고 이해할 수 있도록 만드는 기술이다. 이 분야에서 가장 중요한 개념 중 하나는 바로 패턴 인식이며, 이를 위해 이미지 내에서 중요한 정보를 담은 작은 단위를 '피처(feature)'라고 한다. 피처란, 이미지의 모서리, 색상 변화, 질감, 텍스처 등 눈에 띄는 특징들을 의미하며, 이러한 피처들을 기반으로 기계는 전체 이미지를 이해하고 분류한다.

CNN(Convolutional Neural Network)은 컴퓨터 비전에서 가장 널리 사용되는 딥러닝 모델 중 하나다. CNN의 핵심은 컨볼루션 연산이다. 컨볼루션은 이미지의 작은 영역(커널 또는 필터라고 불림)을 스캔하며, 해당 영역에서 특정 패턴이나 특징이 얼마나 강하게 나타나는지를 계산하는 과정이다. 이 과정을 통해 CNN은 이미지의 중요한 피처를 자동으로 추출하게 된다.

예를 들어, 한 장의 풍경화에서 나뭇잎의 모양, 하늘의 색채 변화, 건물의 모서리 등이 피처로 추출된다. 이러한 피처들은 이후 층에서 더 복잡한 패턴으로 결합되어, 최종적으로 이미지가 무엇을 나타내는지, 예를 들어 사람이 있는지, 자동차가 있는지 등의 정보를 판단하는 데 사용된다.

CNN의 컨볼루션 과정은 마치 화가가 캔버스에 붓질을 하며 중요한 부분을 강조하는 것과 유사하다. 이 과정에서 각 필터는 특정한 모양이나 질감을 인식하도록 학습되며, 이를 통해 이미지 전체의 구조와 패턴을 이해하게 된다. 컨볼루션 층이 쌓이면서 모델은 점점 더 복잡한 피처를 추출하게 되며, 이는 컴퓨터 비전에서 이미지 분류, 객체 인식, 장면 이해 등 다양한 작업에 핵심적인 역할을 한다.

즉, CNN에서의 컨볼루션은 단순한 수학적 연산을 넘어, 이미지 내의 패턴을 자동으로 인식하고 분석하는 중요한 도구이며, 이 과정에서 추출된 피처들은 인공지능이 이미지를 '보는' 능력의 기초가 된다. 이러한 기술은 반 고흐의 작품과 같이 복잡한 패턴과 감성을 담은 이미지들을 디지털로 분석하고 재해석하는 데 있어서도 큰 역할을 한다.

초현실주의 미술과 AI의 융합: 새로운 창작의 가능성

반 고흐의 〈별이 빛나는 밤〉은 예술 작품 속에 반복되는 패턴과 독특한 피처를 통해 인간의 감성과 자연의 신비를 전달하는 대표적인 예시다. 이와 유사하게, 인공지능은 방대한 이미지 데이터를 학습하여, 그 속에서 반복되는 패턴과 중요한 피처를 추출함으로써 전혀 새로운 이미지를 창조할 수 있다.

앞 장에서 소개한 GAN과 같은 인공지능 모델은, 인간 화가가 붓을 들고 창작하는 과정과 유사하게, 무에서 유를 창조하는 능력을 갖추게 되었다. GAN은 두 개의 신경망, 즉 생성자와 판별자가 경쟁하며 학습하는 구조를 가지는데, 이 과정에서 생성자는 새로운 이미지를 만들어 내고, 판별자는 그 이미지가 실제와 얼마나 유사한지를 평가한다. 이 반복 과정을 통해 생성자는 점점 더 정교하고 독창적인 이미지를 만들어 낼 수 있게 된다.

GAN을 비롯한 AI 모델은 반 고흐의 작품에서 볼 수 있는 패턴과 피처, 그리고 그 안에 담긴 감성을 학습하여, '반 고흐 스타일'의 새로운 이미지를 창조하는 데에도 활용된다. 예를 들어, 반 고흐의 독특한 붓놀림, 소용돌이치는 하늘, 그리고 선명한 색채의 대비를 AI가 학습하게 되면, 전혀 새로운 풍경화가 탄생할 수 있으며, 이는 전통적인 미술과 인공지능 기술이 만나는 지점이 된다.

또한, 이러한 AI와 컴퓨터 비전 기술은 미술 작품의 복원, 디지털 아카이빙, 그리고 새로운 창작의 도구로도 활용된다. 고화질 이미지 분석을 통해 작품에 담긴 미세한 패턴을 복원하거나, 손상된 부분을 복구하는 데 기여할 수 있으며, 이는 미술관과 전시회에서 작품의 가치를 보존하는 중요한 역할을 한다. 반 고흐의 작품처럼 복잡한 패턴이 담긴 예술 작품을 디지털로 재현하는 것은, 단순한 복원이 아니라 작품의 본질적인 아름다움을 유지하면서 새로운 방식으로 감상할 수 있는 기회를 제공한다.

이와 같이, 초현실주의 미술과 AI 기술은 서로 다른 영역에 존재하였으나, 반복되는 패턴과 피처 추출이라는 공통된 개념을 통해 융합되고 있다. 인간의 감성과 예술적 표현을 담은 전통 미술 작품은, 인공지능이 학습하고 재창조함으로써 전혀 새로운 예술적 경험으로 확장될 수 있다. 이 과정은 기술과 예술이 서로 보완하며 발전하는 미래의 창작 환경을 열어줄 중요한 계기가 될 것이다.

미래의 창조적 도약: 패턴과 기술의 융합이 이끄는 내일

빈센트 반 고흐의 〈별이 빛나는 밤〉은 단순한 풍경화를 넘어, 반복되는 선과 곡선, 그리고 강렬한 색채의 대비를 통해 자연의 신비와 인간 감성을 전달하는 걸작이다. 이 작품 속에 담긴 패턴과 피처는 단순한 미적 요소가 아니라, 작품 전체의 분위기와 메시지를 전달하는 핵심적 수단이다. 컴퓨터 비전 기술, 특히 CNN을 통한 컨볼루션 연산은 이러한 패턴을 추출하여 이미지를 이해하고 분류하는 데 필수적인 역할을 한다.

CNN과 같은 딥러닝 모델은 이미지의 중요한 피처를 자동으로 추출하여, 인간이 인식하는 방식과 유사하게 이미지를 '보게' 한다. 이 과정은 마치 화가가 붓질을 통해 캔버스에 자신의 감정을 담아내는 것과 같은 창조적 과정을 모방하는 것이다. 또한 GAN과 같은 인공지능 모델은 기존의 미술 작품에서 배운 패턴과 스타일을 바탕으로, 전혀 새로운 이미지를 창조하는 혁신적인 도구로 자리 잡고 있다.

앞으로 인공지능과 예술의 융합은 더욱 심화될 것으로 예상되며, 이러한 기술은 단순한 이미지 재현을 넘어 창작의 영역까지 확장될 것이다. 미술 복원, 디지털 아카이빙, 그리고 새로운 예술 작품 창작에 있어서 AI는 중요한 역할을 하게 될 것이다. 또한, 예술의 민주화 측면에서도 인공지능 도구는 전문 예술 교육 없이도 누구나 창의적인 작품을 만들어 낼 수 있도록 도와주는 혁신적인 매개체가 될 것이다.

결국, 반 고흐의 〈별이 빛나는 밤〉과 같은 예술 작품은 반복되는 패턴과 피처를 통해 인간의 감성과 자연의 신비를 전달하는 동시에, 컴퓨터 비전 기술과 AI 모델이 어떻게 이미지 속 본질적 정보를 추출하고 재해석할 수 있는지를 보여 주는 좋은 사례다. 인공지능과 컴퓨터 비전 기술이 발전함에 따라, 우리는 앞으로 더욱 풍부하고 다양한 예술적 경험을 누릴 수 있을 것이며, 기술과 예술의 경계는 점점 더 허물어질 것이다.

이와 같이, 반 고흐의 걸작과 현대 AI 기술의 만남은 미래 예술 창작의 새로운 지평을 열어 주는 중요한 계기가 될 것이며, 인간의 창의력과 기계 학습이 조화롭게 융합된 결과물은 전혀 새로운 미학과 감동을 선사할 것이다. 인공지능이 창조한 이미지들은 단순한 모방을 넘어서, 인간이 상상할 수 없는 새로운 형태의 예술적 표현을 가능하게 할 것이며, 이 과정에서 반복되는 패턴과 피처 추출 기술은 그 중심에 자리매김할 것이다.

앞으로도 CNN과 같은 딥러닝 기술은 더욱 발전하여, 예술 작품의 미세한 부분까지 세밀하게 분석할 수 있을 것이며, 이로 인해 우리는 전통 미술과 디지털 미디어가 융합된 새로운 예술 세계를 경험할 수 있게 될 것이다. 또한, GAN과 같은 모델은 인간 예술가의 창의력에 새로운 영감을 불어넣으며, 미래 예술의 창작 과정을 혁신적으로 변화시킬 것이다.

결론적으로, 빈센트 반 고흐의 〈별이 빛나는 밤〉은 예술적 패턴과 피처가 얼마나 중요한지를 보여 주는 대표적 작품이며, 컴퓨터 비전에서 이러한 패턴 인식 기술은 이미지 이해와 창작의 핵심 도구다. 인공지능과 예술이 만나 새로운 창작의 가능성을 열어 가는 미래는, 기술과 감성이 서로 보완하며 인간의 상상력을 극대화하는 놀라운 세상이 될 것이다.

이 글은 전통 미술의 깊이와 현대 AI 기술의 혁신적 가능성을 연결하여, 예술과 기술이 함께 만들어 내는 새로운 창조의 미래를 전망하는 데 그 목적이 있다. 인공지능이 생성한 작품과 전통적인 걸작이 공존하는 그 날이 오면, 우리는 예술의 진정한 의미와 그 가치를 새롭게 재발견하게 될 것이며, 기술과 인간이 함께 만들어가는 미래 예술의 장은 한층 더 풍부하고 다채로워질 것이다.

07
경계의 미학: 콜비츠 판화와 컴퓨터 비전의 에지 탐구

케테 콜비츠는 부조리한 세상을 판화로 표현하며 강렬한 에지와 명암 대비로 사회의 모순과 인간 내면의 불안을 드러낸 예술가다. 그의 작품은 단순한 색채 대신 경계선으로 본질적 구조와 메시지를 전달한다. 이와 유사하게, 컴퓨터 비전은 에지 검출을 통해 이미지의 핵심 피처를 추출하여 전체 구조와 의미를 파악하는데, 이 글은 예술과 기술의 공통점을 자세히 탐구하고자 한다.

AI와 윤동주?

예술가의 붓질과 알고리즘의 만남

케테 콜비츠는 부조리한 세상을 판화로 표현하여 사회의 모순과 인간 내면의 불안을 강렬한 명암 대비와 선명한 윤곽선을 통해 드러낸 예술가다. 그의 판화는 단순한 색채와 형태의 재현을 넘어서, 경계선과 에지(edge)를 통해 세상의 본질적 구조와 감정을 포착하는 데 집중하였다. 콜비츠는 작품을 제작할 때, 복잡한 세부 묘사를 과감히 생략하고 대신 극적인 선과 명암을 강조하여 관객이 즉각적으로 작품의 메시지에 몰입하도록 유도하였다. 이러한 예술적 접근은 단순한 미적 표현에 머무르지 않고, 오늘날 컴퓨터 비전 분야에서 이미지 처리에 필수적인 에지 검출과 놀라운 유사성을 보인다.

컴퓨터 비전에서는 에지 검출이란 이미지 내에서 픽셀 값의 급격한 변화, 즉 밝기나 색상 차이가 큰 부분을 찾아내는 과정을 의미한다. 이 과정은 마치 콜비츠가 판화에서 불필요한 정보를 제거하고 중요한 윤곽선만을 남기는 작업과 유사하다. 에지를 통해 이미지의 본질적인 구조, 형태, 그리고 경계가 드러나며, 이 정보는 인공지능이 이미지를 빠르고 정확하게 분석하는 데 핵심적인 역할을 한다. 콜비츠의 작품이 강렬한 시각적 충격을 주듯, 컴퓨터 비전의 에지 검출은 이미지 내 핵심 피처를 부각시켜 전체 정보를 단순화하면서도 본질적 메시지를 전달하는 중요한 도구가 된다.

에지 검출의 기본 원리와 그 심오한 의미

컴퓨터 비전에서 에지 검출은 이미지의 가장 중요한 구조적 요소를 추출하는 기법이다. 이미지 내에서 에지는 물체의 경계, 색상의 급격한 변화, 그리고 질감의 전환을 나타내며, 이들 요소는 전체 이미지의 레이아웃과 의미를 결정한다. 에지 검출 알고리즘은 이러한 변화가 발생하는 지점을 찾아내어, 원본 이미지에서 복잡한 세부 정보(예: 미세한 색상 변화나 질감)는 제거한 채, 객체의 윤곽과 구조만을 남긴다.

이러한 단순화 작업은 정보의 일부 손실을 가져오지만, 그 대신 중요한 구조적 정보를 집중적으로 전달할 수 있다. 예를 들어, 도심의 복잡한 거리 풍경을 에지 이미지로 변환하면, 건물의 윤곽, 도로의 형태, 그리고 사람들의 이동 경로와 같이 핵심적인 요소만이 남아, 인공지능이나 인간이 보다 빠르고 명확하게 장면을 이해할 수 있게 된다. 이처럼 에지 검출은 단순한 이미지 처리 기법을 넘어서, 전체 이미지의 본질적 의미를 해석하는 데 필수적인 역할을 한다.

에지 정보는 단순히 경계만을 나타내는 것이 아니라, 이미지의 전체적인 레이아웃과 구조를 파악하는 데 중요한 단서를 제공한다. 예를 들어, 인물 사진에서는 얼굴의 윤곽선, 눈, 코, 입 등의 배열이 에지로 표현될 때, 이를 통해 해당 인물의 감정과 특징이 명확하게 드러난다. 건물 사진에서는 구조적 선들이 건물의 형태와 안정성을 암시하며, 자연 풍경에서는 산과 강, 나무 등의 윤곽이 전체 장면의 분위기를 결정짓는다. 이처럼 에지 검출은 이미지의 복잡한 정보를 단순화하여 핵심적인 요소만을 남김으로써, 전반적인 인식 및 분석 과정을 용이하게 한다.

다양한 에지 검출 기법과 응용 사례

에지 검출 기법은 전통적인 알고리즘부터 최신 딥러닝 기반 방법까지 다양한 기술이 존재한다. 전통적인 방법 중 가장 많이 사용되는 것은 소벨(Sobel) 연산자, 캐니(Canny) 에지 검출, 그리고 라플라시안(Laplacian) 필터다.

소벨 연산자는 이미지의 수평 및 수직 방향의 밝기 변화량을 계산하여 에지를 검출하는 방식으로, 비교적 단순하고 빠른 처리 속도를 자랑한다. 이는 기초적인 이미지 처리 작업에서 주로 사용되며, 초보자도 쉽게 이해할 수 있는 기법이다. 캐니 에지 검출은 소벨 연산자의 한계를 보완하여, 노이즈 제거, 에지 연결, 이중 임계값 적용 등의 복잡한 단계를 포함한다. 이를 통해 매우 깔끔하고 연속적인 에지 이미지를 생성할 수 있으며, 다양한 환경에서도 높은 정확도를 보인다. 라플라시안 필터는 이미지의 두 번째 미분 값을 활용하여 에지의 위치를 더 정확하게 파악하는 데 효과적이다.

최근에는 딥러닝 기술이 접목된 에지 검출 기법도 주목받고 있다. CNN(Convolutional Neural Network)과 같은 모델은 대량의 이미지 데이터를 학습하여, 자동으로 최적의 필터를 생성하고 이미지의 중요한 피처를 추출할 수 있다. 이러한 딥러닝 기반 방법은 전통적인 알고리즘보다 복잡한 배경, 다양한 조명 조건, 그리고 노이즈가 많은 환경에서도 더욱 뛰어난 성능을 발휘한다. 예를 들어, 의료 영상 분석이나 자율 주행 시스템에서는 복잡한 환경에서도 정확한 에지 검출이 필수적이며, 이때 딥러닝 모델이 큰 역할을 한다.

또한 에지 검출은 이미지 압축 및 전송 분야에서도 중요한 응용 사례를 가진다. 원본 이미지에는 많은 세부 정보가 포함되어 있어 저장 용량과 전송 속도에 영향을 주지만, 에지 정보만을 남긴 단순화된 이미지는 핵심적인 구조 정보만을 전달하여 용량을 크게 줄일 수 있다. 이 과정은 데이터 저장 및 전송 비용을 절감할 뿐 아니라, 이미지의 주요 내용을 빠르게 파악할 수 있게 해준다. 예를 들어, 보안 카메라 영상이나 위성 영상에서는 에지 검출을 통해 빠르게 중요한 정보를 추출하고, 실시간으로 분석할 수 있는 시스템이 구축되고 있다.

에지 이미지의 단순화와 핵심 정보 강조 효과

원본 이미지는 다양한 색상, 질감, 디테일 등 방대한 정보를 포함하고 있어, 이를 그대로 분석할 경우 불필요한 잡음과 복잡성이 문제가 될 수 있다. 에지 검출을 통해 이러한 세부 정보를 제거하면, 이미지의 구조와 형태에 해당하는 핵심적인 정보만 남게 된다. 이 과정은 정보를 요약하는 효과를 가져 오며, 결과적으로 관객이나 인공지능 시스템이 이미지의 본질적 의미를 더 명확하게 인식할 수 있도록 돕는다.

예를 들어, 한 도시의 풍경 사진을 에지 검출하면 건물의 윤곽선, 도로의 경계, 사람들의 움직임 등 중요한 구조 정보만 남게 되어, 복잡한 색채 정보나 배경 노이즈는 제거된다. 이러한 단순화된 이미지에서는 핵심적인 형태 정보가 뚜렷하게 드러나며, 이는 객체 인식이나 장면 분할 작업에서 매우 유리하게 작용한다. 인간의 시각 체계 역시 복잡한 정보를 단순화하여 핵심 패턴만을 인식하는 경향이 있는데, 이와 같이 에지 이미지가 제공하는 단순화 효과는 기계 학습에도 동일하게 적용되어, 효율적인 정보 처리와 빠른 인식 속도를 가능하게 한다.

에지 이미지는 정보의 손실에도 불구하고, 오히려 중요한 정보를 더 부각시키는 효과가 있다. 원본 이미지에 포함된 수많은 세부 사항은 때때로 분석 과정에서 혼란을 야기할 수 있지만, 에지 이미지에서는 이러한 불필요한 정보를 모두 제거하고, 가장 중요한 구조적 특징만을 남긴다. 결과적으로, 에지 이미지는 객체의 경계와 형태를 명확하게 하고, 이를 통해 인공지능 시스템이 보다 정확하게 물체를 인식하고 분류할 수 있게 된다.

미래의 창조와 혁신: 예술과 기술의 공존

케테 콜비츠의 판화에서 나타나는 강렬한 윤곽선과 명암 대비는, 컴퓨터 비전에서 에지 검출과 피처 추출이 얼마나 중요한지를 상징적으로 보여 준다. 그의 작품은 단순한 미술 작품을 넘어서, 사회의 부조리와 인간 내면의 복잡한 감정을 선명한 에지로 표현함으로써 관객에게 깊은 인상을 남겼다. 마찬가지로, 컴퓨터 비전 기술은 에지 정보를 통해 이미지의 본질적 구조와 의미를 효과적으로 추출하며, 이를 다양한 응용 분야에 활용한다.

앞으로 인공지능과 컴퓨터 비전 기술은 더욱 발전하여, 에지 검출과 피처 추출의 정확도와 효율성이 극대화될 것으로 예상된다. 예를 들어, 딥러닝 기반의 에지 검출 모델은 복잡한 미술 작품이나 자연 풍경의 세밀한 구조를 정밀하게 분석할 수 있을 뿐만 아니라, 원본의 감성과 분위기를 보존하면서도 새로운 해석을 제공할 수 있게 될 것이다. 이러한 기술은 미술 복원, 디지털 아카이빙, 교육, 자율 주행, 보안 시스템 등 다양한 분야에서 혁신적인 도구로 활용될 전망이다.

또한, 에지 검출 기술은 예술의 민주화에도 크게 기여할 것으로 보인다. 전문 예술가뿐 아니라, 일반인도 간단한 도구를 활용해 창의적인 작품을 만들 수 있는 시대가 도래할 것이며, 이를 통해 예술의 접근성이 대폭 향상될 것이다. 예술과 기술이 서로 보완하며 발전하는 미래는, 인간의 감성과 인공지능의 분석 능력이 융합되어 전혀 새로운 미학과 창작의 영역을 열어 줄 것이다. 케테 콜비츠가 판화로 세상의 부조리와 내면의 불안을 표현한 것처럼, 인공지능이 이미지의 본질적 정보를 파악하고 재해석하는 기술은 우리에게 전통 예술의 깊이와 현대 기술의 혁신을 동시에 경험하게 해줄 것이다.

미래에는 인공지능이 예술 창작의 도구로서 더욱 발전할 것이며, 이를 통해 전통적인 예술 기법과 현대 기술이 융합한 새로운 작품들이 탄생할 것이다. 앞 장에서 소개한 CNN과 같은 딥러닝 모델, GAN과 같은 생성 모델은 기존 미술 작품의 스타일과 패턴을 학습하여, 인간이 상상하지 못한 창의적인 이미지를 만들어 낼 뿐만 아니라, 예술의 본질을 재해석하는 데 중요한 역할을 할 것이다. 이와 같이 예술과 기술이 만나 이루어 내는 융합은 단순한 기술 혁신을 넘어서, 인간의 상상력과 창의성을 극대화하는 새로운 창작의 장을 열어 줄 것이다.

08
고전 미술과 슈퍼 레졸루션: 디테일 복원의 혁신

옛날 화가들은 다층 유약과 미세한 붓놀림으로 극한의 세밀함을 구현하여 관람객에게 생생한 감동을 선사하였다. 현대 슈퍼 레졸루션 기술은 저해상도 이미지에서 잃어버린 디테일을 복원해 고해상도로 재구성한다. 이 글은 얀 반 에이크, 렘브란트, 페르메이르의 작품을 예로 들어 전통 기법과 첨단 기술의 융합이 문화유산 보존에 미치는 혁신적 역할을 소개한다.

AI와 한의학?

고전 화가들의 세밀한 디테일 재현 기법

옛날 화가들은 제한된 재료와 도구 속에서도 작품에 담긴 모든 세부 요소를 극도로 선명하게 표현하고자 끊임없이 노력하였다. 그들은 단순히 화폭 위에 이미지를 재현하는 것에 그치지 않고, 관람객에게 실제보다 더 섬세하고 생생한 느낌을 전달하기 위해 여러 겹의 유약(glazing) 기법과 미세한 붓놀림을 활용하였다. 이러한 전통적인 기법은 한 번의 붓놀림이나 단일 색채만으로는 구현할 수 없는 깊이감과 투명한 빛의 효과를 만들어 내었다.

화가는 각 유약 층마다 색채와 질감을 보완하며, 빛의 반사와 그림자의 미묘한 변화를 정교하게 표현하였다. 결과적으로, 한 작품 속에 수많은 층이 쌓여 관람객이 가까이서 볼 때 실제보다 더 선명하고 입체적인 세부 디테일을 느낄 수 있도록 하였다. 이와 같은 고전 화가들의 창의적인 접근 방식은 오늘날 컴퓨터 비전에서 슈퍼 레졸루션 알고리즘이 저해상도 이미지에서 잃어버린 세부 정보를 보완해 고해상도 이미지를 생성하는 효과와 본질적으로 닮아 있다. 결국, 고전 화가들은 한정된 기술과 재료 속에서도 관람객이 작품 속 숨겨진 미세한 디테일을 온전히 체험할 수 있도록 하는 방법을 스스로 개발한 셈이다.

얀 반 에이크와 다층 유약 기법 - <아르놀피니 부부의 초상>

15세기 네덜란드의 대표 화가 얀 반 에이크는 〈아르놀피니 부부의 초상〉에서 다층 유약 기법을 도입하여 혁신적인 디테일 표현을 선보였다. 이 작품에서는 인물의 피부 질감, 옷감의 섬세한 주름, 그리고 빛의 반사 효과가 극도로 정교하게 구현되어 있다. 반 에이크는 한 겹의 유약으로는 표현할 수 없는 미세한 색상 변화와 깊이를 여러 겹의 투명한 유약을 덧칠하는 방식으로 나타냈다.

각 유약 층은 이전 층의 색채와 질감을 보완하며, 화폭 전체에 걸쳐 마치 입체적인 효과를 부여하는 듯한 선명한 디테일을 형성하였다. 이러한 기법은 현대의 슈퍼 레졸루션 알고리즘이 저해상도 이미지의 부족한 정보를 보완해 고해상도 이미지를 만들어 내는 원리와 매우 흡사하다. 슈퍼 레졸루션 알고리즘은 입력 이미지의 미세한 텍스처, 경계, 색상 변화를 학습하여, 원본보다 더 선명하고 디테일한 이미지를 복원하는데, 이는 얀 반 에이크가 여러 겹의 유약을 통해 인물의 감정과 질감을 극대화한 노력과 일치한다. 결과적으로, 관람객은 작품을 통해 인물의 생생한 표정과 섬세한 질감을 온전히 체험할 수 있게 된다.

렘브란트 - 빛과 그림자의 섬세한 조화

17세기 네덜란드의 거장 렘브란트는 자화상과 종교화를 비롯해 다양한 작품에서 빛과 그림자의 미묘한 대비를 통해 인물의 감정과 내면의 복잡한 심리를 표현하였다. 렘브란트는 여러 차례에 걸친 레이어링과 유약 처리를 통해, 인물의 표정, 주름, 피부의 질감뿐 아니라 주변 환경의 미세한 빛 변화까지 세밀하게 재현하였다. 그의 작업 방식은 한 점 한 점의 빛과 그림자에 집중하여, 마치 눈으로 직접 관찰하는 듯한 느낌을 주는 것이 특징이다.

이러한 과정은 컴퓨터가 저해상도 이미지에서 잃어버린 세부 정보를 보완해 고해상도 이미지를 생성하는 슈퍼 레졸루션 기술과 매우 닮아 있다. 디지털 복원 작업에서 최신 알고리즘은 렘브란트의 미세한 붓 터치와 빛의 반사 효과를 세밀하게 재현하여, 원본 작품이 지니는 생생한 감동을 그대로 전달한다. 렘브란트는 빛과 그림자의 경계를 정교하게 조절하여 인물의 감정을 표현하였는데, 이는 인공지능 모델이 학습하여 잃어버린 디테일을 보충하는 원리와 본질적으로 일치한다.

페르메이르 - 자연광과 색채의 섬세한 표현

요하네스 페르메이르는 자연광과 색채의 미묘한 조화를 통해 평범한 일상 장면 속에서도 숨겨진 아름다움과 질감을 드러내는 화가다. 그의 대표작 〈진주 귀걸이를 한 소녀〉에서는 인물의 피부 톤, 배경의 색조, 그리고 빛과 그림자의 경계가 마치 고해상도 이미지처럼 섬세하게 표현되어 있다. 페르메이르는 자연광을 정확하게 계산하여, 화폭에 담긴 색채와 질감이 조화롭게 어우러지도록 하였다.

이와 같은 기법은 오늘날 컴퓨터 비전에서 슈퍼 레졸루션 기술을 통해 저해상도 이미지의 미세한 세부 정보와 색채 정보를 복원하는 과정과 매우 유사하다. 디지털 복원 작업에서는 슈퍼 레졸루션 알고리즘이 페르메이르의 섬세한 빛 효과와 원근법을 정밀하게 재현함으로써, 관람객들이 작품의 미적 가치를 온전히 경험할 수 있도록 돕는다. 페르메이르의 작품은 단순한 색채 배열을 넘어, 미세한 빛의 변화와 질감이 생생하게 드러나는 예술적 표현의 결정체로, 디지털 복원의 훌륭한 사례로 볼 수 있다.

슈퍼 레졸루션 기술 - 원리와 응용

현대 컴퓨터 비전 기술 중 슈퍼 레졸루션은 저해상도 이미지를 고해상도로 변환하는 혁신적인 알고리즘이다. 초기의 보간법(interpolation) 기법은 단순히 픽셀 사이를 선형 혹은 비선형 방식으로 채워 넣는 방식에 그쳤으나, 최근 딥러닝 기반의 슈퍼 레졸루션 모델은 훨씬 더 정교하게 작동한다.

예를 들어, SRCNN(Super-Resolution Convolutional Neural Network)은 입력 이미지의 특징을 추출하고, 이를 여러 단계에 걸쳐 고해상도 이미지로 재구성하는 과정을 거친다. 이 모델은 이미지의 미세한 텍스처, 경계, 색상 변화를 학습하여 원본보다 더 선명하고 자세한 이미지를 생성하는 데 뛰어난 성능을 보인다.

또한, GAN(Generative Adversarial Network)을 활용한 슈퍼 레졸루션 기법은 생성자와 판별자라는 두 개의 신경망이 경쟁하는 구조를 통해 더욱 자연스럽고 현실적인 디테일을 복원한다. 생성자는 저해상도 이미지에서 고해상도 세부 정보를 예측하여 이미지를 생성하고, 판별자는 이 이미지가 실제 고해상도 이미지와 얼마나 유사한지를 평가한다. 이 경쟁 과정을 수차례 반복함으로써, 알고리즘은 점차적으로 더 정교하고 세밀한 고해상도 이미지를 만들어 내게 된다. 이러한 딥러닝 기반의 슈퍼 레졸루션 기술은 얀 반 에이크, 렘브란트, 페르메이르 등 고전 화가들이 사용한 다층 유약, 레이어링, 미세한 붓놀림 등의 전통적 기법이 담고 있는 세밀함과 본질적으로 유사한 결과를 디지털 이미지로 재현할 수 있는 강력한 도구다.

디지털 복원 작업에서는 슈퍼 레졸루션 기술을 통해 손상되거나 저해상도로 스캔된 미술 작품에서 원본에 가까운 세부 디테일을 복원할 수 있다. 예를 들어, 얀 반 에이크의 〈아르놀피니 부부의 초상〉은 시간이 지나며 일부 세부 정보가 손실될 수 있지만, 슈퍼 레졸루션 알고리즘은 잃어버린 붓놀림과 텍스처를 보충하여 관람객에게 원본의 생생함을 재현해 준다. 렘브란트와 페르메이르의 작품도 마찬가지로, 슈퍼 레졸루션 기술을 활용하면 미세한 빛의 반사, 질감, 색채 변화 등을 정밀하게 복원할 수 있어, 문화재 보존 및 디지털 아카이브 분야에서 큰 역할을 하고 있다.

미래의 미술 복원과 인공지능 융합 전망

현대 컴퓨터 비전 기술, 특히 슈퍼 레졸루션은 고전 미술 작품의 보존 및 복원에 혁신적인 도구로 자리 잡고 있다.

이 기술은 단순히 이미지를 확대하는 것에 그치지 않고, 딥러닝 알고리즘을 통해 이미지의 부족한 세부 디테일을 예측하고 보충하여 원본에 가까운 고해상도 이미지를 재구성한다. 문화재 보존과 미술 연구, 교육 분야에서는 이러한 디지털 복원 기술을 통해 고전 작품을 물리적 손상이나 노화로부터 안전하게 보호하고, 전 세계 관람객들에게 원본에 가까운 상태로 제공할 수 있다.

더 나아가, 슈퍼 레졸루션 기술은 인공지능과 예술의 융합을 통한 새로운 창작의 가능성도 열어 준다. 딥러닝 모델은 기존 미술 작품의 스타일, 패턴, 색채 정보를 학습하여 전혀 새로운 창작물을 생성할 수 있다. 이는 고전 화가들이 여러 겹의 유약과 미세한 붓놀림을 통해 극도로 세밀한 디테일을 구현하려 한 노력과 매우 닮아 있다. 인공지능이 만들어 낸 창작물은 전통 미술의 경계를 넘어 미래 예술 창작의 새로운 장을 열어 줄 것이며, 이는 예술의 민주화를 촉진하여 누구나 창의적인 표현을 시도할 수 있는 환경을 제공할 것이다.

디지털 아카이브의 중요성도 날로 증가하고 있다. 고해상도 디지털 이미지로 보존된 고전 작품은 물리적 손상이나 시간의 흐름에 따른 변질로부터 안전하게 보호되며, 전 세계 미술 애호가와 연구자들에게 원본에 가까운 형태로 제공된다. 미술관과 연구기관에서는 슈퍼 레졸루션 기술을 통해 작품의 미세한 디테일을 복원하고, 이를 기반으로 원본의 미적 가치를 재현하는 데 집중하고 있다. 향후 이 기술이 더욱 발전하면, 현재의 복원 한계를 뛰어넘어 손실된 미세한 디테일까지도 정밀하게 재현할 수 있을 것이며, 이는 인류의 소중한 문화유산을 미래 세대에 온전히 전달하는 데 결정적인 역할을 하게 될 것이다.

미래에는 인공지능과 슈퍼 레졸루션 기술의 발전이 예술 복원뿐만 아니라 새로운 창작 영역을 개척할 것으로 예상된다. 딥러닝 기반 모델은 고전 작품의 미세한 붓놀림과 유약 기법, 색채 변화 등을 정밀하게 분석하고 학습하여, 이를 바탕으로 전혀 새로운 스타일의 작품이나 창의적인 변형 작품을 생성할 수 있다. 이러한 인공지능 창작물은 전통 미술의 경계를 넘어, 미래 예술 창작의 새로운 지평을 열어 줄 것이며, 문화 예술의 민주화와 창의성 확산에 기여할 것이다.

09

AI와 예술 복원: 〈천지창조〉의 디지털 재탄생

미켈란젤로의 〈천지창조〉는 인류 예술사의 걸작이지만, 수백 년의 시간과 환경으로 인해 일부 디테일이 희미해졌다. AI와 컴퓨터 비전 기술은 고해상도 스캔과 딥러닝 알고리즘을 활용해 원본의 색채, 명암, 질감을 정밀하게 복원하며, 문화유산의 미적 가치를 온전히 재현한다. 이 혁신적 복원 작업은 전 세계 관람객과 연구자에게 작품의 생동감을 전달하고, 미래 세대에 소중한 유산을 보존하는 핵심 도구로 자리매김한다.

AI와 화장품?

예술 복원의 중요성과 미켈란젤로의 〈천지창조〉

예술 복원은 수백 년 동안 전해 내려온 문화유산을 보호하고, 원본의 미적 가치와 역사적 의미를 후대에 온전히 전달하기 위한 필수적인 작업이다. 세월의 흐름, 환경적 요인, 그리고 인위적인 손상으로 인해 고전 작품들은 점차 본래의 색채와 세부 묘사가 희미해지고 변질된다. 복원 작업은 단순한 외관의 수리만이 아니라, 작품이 지닌 작가의 의도와 감성, 그리고 역사적 배경을 함께 보존하는 것이 목표이다.

미켈란젤로의 〈천지창조〉는 시스틴 성당 천장을 장식한 걸작으로, 인류 예술사에서 가장 중요한 작품 중 하나로 꼽힌다. 이 작품은 성경의 창세기 이야기를 웅장한 스케일과 정교한 디테일로 표현하여, 그 아름다움과 기술적 완성도가 오늘날에도 많은 이들에게 깊은 감동을 주고 있다. 그러나 시간이 지나면서 자연적 요인과 인위적 손상으로 인해 원래의 색채와 세부 요소들이 점차 희미해지는 문제가 발생하였다. 이러한 상황에서 AI와 컴퓨터 비전 기술은 미켈란젤로의 〈천지창조〉를 디지털 방식으로 복원하고 보존하는 데 중요한 역할을 담당하게 된다. 복원 작업은 원본 작품의 미적 가치를 재현할 뿐만 아니라, 문화유산을 안전하게 후세에 전달하는 데 결정적인 역할을 하며, 이를 통해 전 세계 관람객들이 언제 어디서나 작품의 아름다움을 감상할 수 있도록 돕는다.

AI와 컴퓨터 비전 기술의 역할과 원리

최근 인공지능(AI)과 컴퓨터 비전 기술은 이미지 분석, 복원, 재구성 분야에서 놀라운 발전을 이루어 왔다. 딥러닝 알고리즘을 기반으로 한 모델들은 수많은 고해상도 이미지 데이터를 학습하여, 손상된 이미지에서 원래의 세밀한 디테일과 색채 정보를 예측하고 보완하는 데 뛰어난 성능을 보인다. AI 기반 복원 기술은 단순히 해상도를 높이는 것에 그치지 않고, 원본 작품이 지닌 섬세한 요소들—예를 들어, 색상의 왜곡, 빛의 반사, 질감의 미세한 변화 등—을 정밀하게 복원하는 데 중점을 둔다.

컴퓨터 비전 기술은 이미지 내에서 중요한 정보를 추출하는 알고리즘들을 포함한다. 이러한 알고리즘은 이미지의 패턴, 텍스처, 그리고 경계선을 분석하여 작품의 전체적인 구조와 세부 묘사를 이해하는 데 도움을 준다. 예를 들어, 미켈란젤로의 〈천지창조〉와 같이 방대한 스케일의 작품에서도, 컴퓨터 비전 기술은 미세한 붓놀림과 색채의 농도, 명암 대비 등 복잡한 정보를 분석할 수 있다. AI는 이 정보를 토대로 손상된 부분의 색상과 디테일을 보완해, 원본의 미적 감동을 최대한 재현하는 복원 작업에 활용된다. 기술적으로는 이미지의 특정 영역에서 원래 사용된 색채 분포를 분석하고, 손실된 정보를 예측하여 자연스러운 복원 결과를 도출하는 방식이 주를 이룬다. 이러한 과정은 인간 전문가가 오랜 경험을 바탕으로 수작업으로 복원하는 방식과 유사하지만, AI는 수많은 데이터를 신속하고 정확하게 처리할 수 있는 장점이 있다.

컴퓨터 비전의 핵심 알고리즘 중 하나인 컨볼루션 신경망(CNN)은 이미지의 작은 영역을 스캔하면서 중요한 피처를 추출한다. 이 피처들은 작품의 전체적인 구조와 디테일을 이해하는 데 필수적인 역할을 한다. 미켈란젤로의 〈천지창조〉와 같은 복잡한 작품에서, CNN은 각 영역의 색채, 명암, 텍스처 변화를 세밀하게 분석하여 손상된 부분을 보완하는 데 기여한다. 또한, 색상 보정과 텍스처 재구성 같은 기술들은 원본 작품이 사용한 안료의 특성과 당시의 제작 기법을 고려하여 복원 과정을 최적화한다. 이와 같이 AI와 컴퓨터 비전 기술은 다양한 알고리즘과 모델이 결합되어, 고전 작품의 미세한 디테일을 복원하는 데 중요한 역할을 수행한다.

미켈란젤로의 〈천지창조〉와 AI 복원 기술의 만남

미켈란젤로의 〈천지창조〉는 성경의 창조 이야기를 웅장하게 표현한 작품으로, 그 정교한 디테일과 생생한 색채가 작품의 핵심 가치다. 그러나 수백 년 동안 자연적 요인과 인위적 손상으로 인해, 원본의 세부 묘사와 색채 정보가 부분적으로 희미해지고 있다. AI 기반 복원 기술은 이러한 손상된 부분을 체계적으로 분석하고, 원본에 가까운 색채와 세부 정보를 재구성하는 데 사용된다.

디지털 복원 과정에서는 먼저 고해상도 스캔 이미지를 확보한다. 이 스캔 이미지에는 원본의 손상된 부분뿐만 아니라, 남아 있는 세밀한 디테일이 모두 담겨 있다. 이후 AI 알고리즘은 이 데이터를 바탕으로 원래의 색채, 명암, 텍스처 등을 정밀하게 분석한다. 미켈란젤로가 사용한 안료와 붓놀림, 그리고 당시의 제작 기법을 반영하여, 손실된 부분의 색채와 질감을 예측하고 보완하는 과정이 진행된다. 컴퓨터 비전 알고리즘은 이미지 내의 패턴과 경계선을 분석하여 붓 터치나 미세한 선의 흐름을 재구성하는 역할도 한다. 이처럼 AI와 컴퓨터 비전 기술은 미켈란젤로의 〈천지창조〉가 지닌 역사적, 미학적 가치를 온전히 복원하는 데 결정적인 도구로 사용된다.

또한, 복원 작업은 단순한 이미지 복원에 그치지 않고, 원본 작품을 보존하고 후대에 전달하기 위한 고해상도 디지털 아카이브 구축에도 중요한 역할을 한다. 이러한 디지털 아카이브는 물리적 작품이 시간이 흐르면서 발생하는 손상이나 변질로부터 안전하게 보호될 뿐만 아니라, 전 세계 연구자와 관람객들이 원본에 가까운 상태로 작품을 감상할 수 있도록 한다. AI 기술은 복원된 작품의 미세한 디테일과 색채 정보를 체계적으로 기록하고 보존하는 데 기여하며, 이를 통해 문화유산의 지속 가능한 보존과 공유에 중요한 기반을 마련한다.

복원 기술의 구체적 방법과 기술적 원리

AI 기반 복원 기술은 여러 단계로 이루어지며, 각 단계마다 다양한 알고리즘과 모델이 적용된다. 첫 단계에서는 미켈란젤로의 〈천지창조〉를 고해상도로 스캔한 디지털 이미지가 확보된다. 이 이미지에는 원본 작품의 손상된 부분과 남아 있는 모든 디테일 정보가 포함되어 있다. 그 후, 전 처리 과정에서는 이미지의 노이즈를 제거하고, 손상된 영역을 식별하기 위해 컴퓨터 비전 알고리즘을 적용한다. 이 과정에서 이미지의 색상, 명암, 텍스처 등 주요 특징들이 추출되며, 손상된 영역과 보존된 영역을 명확히 구분할 수 있게 된다.

다음 단계에서는 딥러닝 모델이 이러한 특징들을 바탕으로 손실된 데이터를 보충하는 작업을 수행한다. 미켈란젤로가 사용한 안료와 붓놀림 패턴을 학습한 모델은, 손상된 부분의 원래 색채와 질감을 예측하여 보완한다. 이 과정은 수천에서 수만 장의 고해상도 이미지 데이터를 학습한 결과로, AI는 각 이미지의 미세한 특성을 기억하여 원본에 가까운 복원 이미지를 생성할 수 있다. 예를 들어, 천장에 그려진 인물들의 피부 톤이나, 하늘의 미세한 색채 변화를 복원하는 데 있어 AI 모델은 과거 데이터를 기반으로 가장 적절한 값을 예측한다.

또한, 컴퓨터 비전 기술은 이미지 내의 경계선과 패턴을 분석하여, 붓놀림이나 유약 처리의 미세한 효과를 재구성하는 데 핵심적인 역할을 한다. 컨볼루션 신경망(CNN)은 이미지의 작은 영역을 스캔하면서 중요한 피처를 추출하고, 이를 종합하여 전체 이미지의 구조를 파악한다. 이와 같은 과정을 통해, AI는 미켈란젤로의 〈천지창조〉에 나타난 섬세한 붓 터치와 빛의 분포, 명암 대비를 정밀하게 복원할 수 있다. 더불어, 색상 보정 기술은 원본 작품의 색채 분포를 분석하고, 시간이 흐르며 변색된 부분을 원래의 상태로 복원하는 데 기여한다. 색상 히스토그램 분석, 색상 공간 변환 등의 기법이 적용되어, 원래의 미적 조화를 그대로 재현할 수 있도록 한다.

이러한 기술적 원리와 알고리즘은 미켈란젤로의 〈천지창조〉와 같은 고전 작품의 미세한 디테일을 복원하는 데 필수적이며, AI 복원 작업은 단순한 이미지 보정을 넘어 작품의 역사적, 문화적 가치를 온전히 유지하는 데 중점을 둔다. AI와 컴퓨터 비전 기술은 방대한 이미지 데이터를 통해 학습한 후, 복원 작업의 각 단계에서 정확한 예측과 보완을 수행하며, 이를 통해 원본의 미적 감동을 재현하는 데 큰 기여를 한다.

미래 전망과 AI 복원의 문화적 가치

현대 AI와 컴퓨터 비전 기술은 미켈란젤로의 〈천지창조〉와 같은 고전 작품의 복원 및 보존에 혁신적인 변화를 가져오고 있다. 앞으로 딥러닝 모델의 정교함과 학습 데이터의 확장은 현재의 복원 한계를 뛰어넘어, 작품 속 잃어버린 미세 디테일까지도 정밀하게 재현할 수 있는 날이 올 것으로 기대된다. 이러한 기술 발전은 단순히 작품의 외형적 보존에 그치지 않고, 그 속에 담긴 역사적,

문화적, 예술적 가치를 온전히 후세에 전달하는 데 결정적인 역할을 할 것이다.

또한, AI 복원 기술은 단순한 복원 작업을 넘어서, 원본 작품의 보존과 디지털 아카이브 구축에도 큰 역할을 한다. 고해상도 디지털 이미지는 물리적 손상이나 시간의 흐름에 따른 변질 없이 안전하게 보존되며, 전 세계 미술 애호가와 연구자들이 언제 어디서나 작품의 본질을 감상할 수 있는 기회를 제공한다. 미술관과 연구 기관은 AI 복원 기술을 활용하여 작품의 미세한 디테일을 정밀하게 재현하고, 이를 기반으로 작품의 역사적 의미와 작가의 의도를 심도 있게 연구할 수 있는 새로운 자료를 확보할 수 있다.

앞으로 인공지능은 복원 기술뿐만 아니라 예술 창작의 새로운 영역을 개척하는 도구로도 활용될 것이다. AI는 미켈란젤로와 같은 위대한 화가들이 사용한 전통 기법을 학습하여, 전혀 새로운 창작물을 생성하거나, 기존 작품의 일부를 현대적인 감각으로 재해석하는 데 기여할 수 있다. 예를 들어, AI는 〈천지창조〉의 일부 손상된 디테일을 분석하고, 이를 바탕으로 원본의 느낌을 살리면서도 현대적인 미학을 더한 창작물을 만들어 낼 수 있다. 이러한 기술은 예술의 민주화를 촉진하여, 전문 예술가뿐 아니라 일반인들도 쉽게 창의적인 작품을 제작하고 공유할 수 있는 환경을 마련할 것이다.

더불어, 디지털 아카이브의 구축은 문화유산 보존의 미래를 결정짓는 중요한 요소가 될 것이다. 전 세계의 미술관, 박물관, 연구기관이 협력하여 고해상도 디지털 이미지를 체계적으로 보존하고 공유하면, 한 작품이 지닌 미세한 디테일과 역사적 가치가 손실되지 않고 미래 세대에 전달될 수 있다. 이러한 디지털 보존 작업은 AI 복원 기술의 지속적인 발전과 함께, 문화재 보존 및 미술 연구 분야에서 혁신적인 변화를 가져올 것이다.

결국, AI와 컴퓨터 비전 기술을 활용한 예술 복원은 미켈란젤로의 〈천지창조〉와 같이 역사적으로 중요한 작품들을 온전히 재현하는 데 큰 역할을 하게 될 것이다. 이러한 기술적 진보는 전통 미술이 지닌 미적 가치를 재해석하고 보존하는 데 필수적이며, 동시에 인류의 문화유산을 미래 세대에 온전히 전달하는 데 결정적인 기여를 할 것이다. AI 복원 기술은 단순히 손상된 이미지를 복원하는 것을 넘어, 작품 속 숨겨진 역사와 작가의 의도를 새롭게 조명하고, 이를 통해 예술과 문화의 가치를 재발견하는 데 도움을 줄 것이다.

10
카메라 캘리브레이션의 예술: 옛 화가와 현대 기술의 만남

수백 년 전, 화가들은 옵스큐라를 활용해 자연의 빛과 원근법, 색채의 미묘한 변화를 정밀하게 관찰하고, 자신만의 '캘리브레이션' 과정을 거쳐 걸작을 탄생시켰다. 오늘날 컴퓨터 비전 엔지니어들은 카메라 캘리브레이션을 통해 렌즈 왜곡과 기하학적 변형을 보정한다. 이 글은 옛 화가들의 정밀한 재현 노력과 현대 AI 복원 기술의 공통된 목표를 이해하기 쉽게 소개한다.

종교와 AI?

카메라 옵스큐라와 카메라 캘리브레이션: 페르메이르와 카라바조의 빛과 그림자 속 비밀

옛날 화가들이 사용한 것으로 추정되는 '카메라 옵스큐라'는 오늘날 우리가 알고 있는 카메라의 원리를 미리 보여 준 도구다. 이 도구는 빛을 한쪽 구멍으로 통과시켜 외부 이미지를 뒤집힌 형태로 내부 스크린에 투사하는 장치로, 16세기 이후 예술가들 사이에서 그림의 정확한 원근법과 섬세한 디테일을 재현하는 데 도움을 주었을 것으로 추정된다.

특히, 네덜란드의 화가 요하네스 페르메이르와 이탈리아의 카라바조는 옵스큐라를 활용했을 가능성이 높다는 연구 결과들이 제시되면서, 이들의 작품 속 빛과 그림자, 원근감, 색채의 미묘한 변화에 대해 새로운 해석을 가능하게 하였다. 또한, 현대 컴퓨터 비전에서 사용하는 '카메라 캘리브레이션' 기술과 연결 지어 볼 때, 이 두 화가의 작품은 당시 사용된 옵스큐라 기법과 유사한 원리를 기반으로 한다고 볼 수 있다.

카메라 옵스큐라의 역사와 원리

카메라 옵스큐라는 '어두운 방(Obscura)'에 빛이 들어와 외부의 이미지를 반전시켜 투사하는 원리를 가지고 있다. 이 장치는 간단한 구멍이나 렌즈를 통해 들어온 빛이 내부의 평면에 상을 형성하게 하며, 원근법을 정확하게 구현하는 데 중요한 역할을 한다. 고대부터 자연 현상을 관찰하기 위해 사용된 이 도구는, 중세와 르네상스 시대에 이르러 예술가들이 회화의 정확한 구도를 연구하는 데 활용되었으며, 당시에는 그림의 세밀한 디테일과 빛의 효과를 관찰하는 보조 도구로 여겨졌다. 카메라 옵스큐라는 외부 세계를 그대로 재현하는 데 도움을 주어, 화가들이 자연스럽고 현실적인 이미지를 그릴 수 있게 했으며, 이러한 원리는 오늘날 디지털 이미지 처리 기술에서도 중요한 개념으로 자리 잡고 있다.

페르메이르의 작품 속 숨은 비밀: 옵스큐라의 흔적

요하네스 페르메이르는 17세기 네덜란드의 대표적인 화가로, 그의 작품들은 빛의 정밀한 분포와 원근법, 그리고 섬세한 색채 조합으로 유명하다. 페르메이르의 작품은 마치 카메라 옵스큐라로 포착한 것처럼, 자연스러운 빛과 그림자의 대비, 그리고 정확한 원근감이 돋보인다.

대표작 〈진주 귀걸이를 한 소녀〉에서는 인물의 부드러운 피부와 미세한 빛의 반사가 마치 렌즈를 통해 관찰한 듯한 느낌을 주며, 그 섬세한 디테일은 현대 기술로 복원할 때에도 큰 감탄을 자아낸다. 일부 연구자들은 페르메이르가 옵스큐라를 활용하여, 실제 자연광을 관찰하고 이를 바탕으로 작품에 적용했을 가능성을 제시한다. 옵스큐라가 제공하는 뒤집힌 이미지와 정확한 원근법은 페르메이르의 회화에 깊이와 현실감을 더해주었으며, 이러한 기법은 오늘날 카메라 캘리브레이션 기술에서도 빛의 경로와 렌즈 왜곡을 보정하는 데 활용되는 원리와 유사하다.

카라바조의 빛과 그림자: 극적인 대비의 비밀

이탈리아의 바로크 화가 카라바조는 극적인 빛과 그림자, 즉 '테네브리즘' 기법으로 유명하다. 그의 작품은 강렬한 명암 대비와 현실적인 인물 묘사를 통해 보는 이로 하여금 강한 감정적 반응을 이끌어 낸다. 카라바조의 회화는 극적인 빛의 집중과 그림자의 깊이를 통해 인물의 내면과 상황의 긴박함을 표현하는데, 이는 옵스큐라를 통해 외부 이미지를 세밀하게 관찰한 후, 이를 극적인 효과로 재구성한 것과 비슷하다는 해석이 있다.

카라바조는 자연광의 변화와 빛의 경로를 면밀히 관찰하여, 그림 속 인물과 사물의 윤곽을 명확하게 드러내고, 극적인 효과를 극대화하였다. 그의 작품에서 나타나는 빛의 집중과 강렬한 대비는, 현대 카메라 캘리브레이션에서 렌즈 왜곡을 보정하고, 실제 장면의 빛 분포를 정밀하게 재현하는 기술과도 일맥상통한다. 카라바조의 극적인 표현 기법은 옵스큐라의 관찰 원리를 현대적으로 재해석한 결과로 볼 수 있으며, 이를 통해 관람객은 작품 속에 담긴 극적인 감정과 분위기를 생생하게 느낄 수 있다.

카메라 캘리브레이션과 옵스큐라: 전통과 현대의 연결 고리

카메라 캘리브레이션은 현대 컴퓨터 비전에서 매우 중요한 기술로, 카메라 렌즈의 왜곡과 이미지 센서의 오차를 보정하여 실제 3차원 공간을 정확하게 2차원 이미지로 투영하는 과정을 말한다. 이 과정에서는 원근법, 투영 변환, 렌즈 왜곡 보정 등이 포함되며, 결과적으로 왜곡 없이 정확한 이미지 재현이 가능해진다. 이러한 원리는 카메라 옵스큐라의 기본 원리와도 유사하다. 옵스큐라는 외부 빛이 구멍이나 렌즈를 통해 들어와 반전된 이미지를 형성하는 장치로, 자연스러운 원근법과 정확한 이미지 구성을 관찰하는 데 도움을 주었다.

페르메이르와 카라바조의 작품을 보면, 두 화가 모두 빛의 경로와 원근법, 그리고 자연스러운 대비를 통해 매우 정확한 이미지를 창조한 것을 알 수 있다. 이는 그들이 옵스큐라를 활용했을 가능성을 암시하며, 그 결과물은 현대의 카메라 캘리브레이션 기술이 추구하는 정확한 이미지 재현과 깊은 연관성을 가진다. 카메라 캘리브레이션은 렌즈 왜곡을 보정하여 실제 장면의 비율과 구조를 올바르게 재현하는 데 집중하는데, 이러한 과정은 페르메이르와 카라바조가 작품 속에서 구현한 정교한 원근법과 빛의 효과를 재현하는 전통적 기법과 동일한 원리를 내포하고 있다. 이처럼 전통 화가들이 옵스큐라를 통해 관찰한 자연의 원리를 현대 기술로 재현하는 과정은, 예술과 과학이 서로 보완하며 발전해 온 역사적 연결 고리를 보여 준다.

옛 화가와 현대 엔지니어의 '캘리브레이션': 정밀한 재현을 위한 공통의 노력

옛날 화가들이 옵스큐라를 효과적으로 사용하기 위해서는, 단순히 빛을 받아들이는 도구 이상의 세심한 조정과 '캘리브레이션'이 필요했다는 점을 현대의 관점에서 재조명할 수 있다. 카메라 옵스큐라는 외부 세계의 이미지를 어두운 방 안의 스크린에 투사하는 장치로, 그 기본 원리는 현대 카메라의 작동 원리와도 유사하다. 그러나 단순한 원리만으로는 정밀한 재현이 어려웠다. 당시 화가들은 옵스큐라를 사용하면서 빛의 양, 구멍의 크기, 그리고 투사된 이미지의 왜곡 등을 미세하게 조절하여, 자연스러운 원근법과 정확한 비율을 담아내고자 했다. 이러한 조정 과정은 오늘날 컴퓨터 비전 엔지니어들이 카메라 캘리브레이션을 통해 렌즈의 왜곡과 이미지 센서의 오차를 보정하는 과정과 본질적으로 일맥상통한다.

카메라 캘리브레이션은 현대 컴퓨터 비전 분야에서 매우 중요한 절차로, 실제 3차원 공간을 2차원 이미지에 정확하게 투영하기 위해 필요한 과정을 의미한다. 이 과정에서는 카메라의 내부 파라미터(초점 거리, 주점, 렌즈 왜곡 계수 등)와 외부 파라미터(카메라의 위치와 방향)를 측정하여, 이미지에서 발생하는 왜곡을 수학적으로 보정한다. 보통 체스판 패턴과 같은 정밀한 보정 도구를 사용해 여러 장의 이미지를 촬영하고, 이를 분석하여 카메라의 특성을 정확히 계산한다. 이렇게 얻은 파라미터를 바탕으로, 왜곡된 이미지의 픽셀 위치를 재조정하여 원래의 장면을 왜곡 없이 재현할 수 있게 된다.

이와 같이, 현대의 컴퓨터 비전 엔지니어들이 카메라

캘리브레이션을 통해 렌즈 왜곡과 기하학적 변형을 보정하는 것처럼, 옛 화가들은 옵스큐라를 사용하면서 자연의 빛과 원근법, 그리고 색채의 미묘한 변화를 재현하기 위해 자신만의 '캘리브레이션' 과정을 거쳤다고 볼 수 있다. 그들은 옵스큐라를 통해 투사된 이미지를 세밀히 관찰하고, 이를 바탕으로 그림의 구성과 비율, 그리고 빛의 효과를 미세하게 조정함으로써, 관람객에게 현실보다도 더 정밀한 이미지와 감동을 전달하고자 했다.

현대 기술은 이러한 전통적 노력의 연장선에 있다. AI와 컴퓨터 비전 기술은 고해상도 스캔 이미지와 딥러닝 알고리즘을 결합하여, 손상되거나 희미해진 고전 작품의 세밀한 디테일을 복원하는 데 중점을 두고 있다. 카메라 캘리브레이션으로 정확한 이미지 재현이 가능해지듯, AI 복원 기술은 원본의 미세한 붓놀림, 색채 변화, 빛의 분포 등을 정밀하게 분석하여, 그 본질적인 미적 가치를 온전히 되살린다. 이러한 복원 작업은 미술관, 박물관, 연구기관에서 고전 작품을 디지털로 보존하고, 전 세계 관람객들에게 제공하는 데 필수적인 역할을 하며, 동시에 미래 세대에 문화유산을 온전히 전하는 중요한 도구로 작용한다.

결국, 옛 화가들이 옵스큐라를 통해 자연의 이미지를

재현하기 위해 정밀하게 '캘리브레이션'했던 노력과 현대 엔지니어들이 카메라 캘리브레이션을 통해 렌즈 왜곡을 보정하는 기술은 모두, 한결같이 원본에 가까운 이미지를 재현하고 보존하기 위한 공통된 목표를 향해 나아간다는 점에서 큰 연관성을 가진다. 이러한 기술적, 예술적 융합은 인류 문화유산 보존의 미래를 열어 주며, 전통 미술의 미적 가치를 디지털 시대에 맞게 재해석하고 전달하는 데 있어 중요한 역할을 수행할 것이다.

우지환

AI를 20년째 연구하고 있는 연구자다. KAIST 전기및전자공학과에서 컴퓨터 비전을 전공해 학사 · 석사, 경영대학원에서는 MBA, 고려대학교 기술경영전문대학원에서 공학박사 학위를 받았다. 다양한 산업에서 AI를 활용한 Digital Transformation을 연구 중이며, 삼성전자와 신한은행, 카카오뱅크에서 제조업과 금융 산업에 필요한 AI를 연구했고, 고려대학교와 KAIST 경영대학원에서 겸임교수를 역임했다. 또한 카네기멜론대학교 로봇연구소에서 방문연구원으로 재임한 바 있다. 디지털소사이티 정회원, 민간 R&D협의체 AI 분과 전문위원으로 활동하고 있다. 주요 저서로 『데이터 과학자의 일』(2021), 『AI 물류 혁명』(2025)이 있으며, 한국, 미국, 유럽, 일본, 중국 등에 45개의 등록된 특허를 보유하고 있다. 15편 이상의 논문을 KCI 등재 학술지 및 SCIE 해외 학술지에 게재했다.